Martin Grabmann

Die Philosophia Pauperum und ihr Verfasser Albert von Orlamünde

Verlag
der
Wissenschaften

Martin Grabmann

Die Philosophia Pauperum und ihr Verfasser Albert von Orlamünde

ISBN/EAN: 9783957007117

Auflage: 1

Erscheinungsjahr: 2016

Erscheinungsort: Norderstedt, Deutschland

Hergestellt in Europa, USA, Kanada, Australien, Japan
Verlag der Wissenschaften in Hansebooks GmbH, Norderstedt

Cover: Sandro Botticelli "Die Verleumdung des Apelles" (1495)

Verlag
der
Wissenschaften

BEITRÄGE ZUR GESCHICHTE DER PHILOSOPHIE DES MITTELALTERS

IN VERBINDUNG MIT † GEORG GRAF VON HERTLING, FRANZ EHRLE S.J., MATTHIAS BAUMGARTNER U. MARTIN GRABMANN
HERAUSGEGEBEN VON CLEMENS BAEUMKER

BAND XX, HEFT 2

DIE PHILOSOPHIA PAUPERUM UND IHR VERFASSER ALBERT VON ORLAMÜNDE

VON

DR. MARTIN GRABMANN

VERLAG DER ASCHENDORFFSCHEN VERLAGSBUCHHANDLUNG
MÜNSTER IN WESTFALEN

Beiträge zur Geschichte der Philosophie und Theologie des Mittelalters.

Texte und Untersuchungen, begründet v. Clemens Baeumker.
In Verbindung mit Franz Kardinal Ehrle S. J., Matthias Baumgartner,
Ludwig Baur, Bernhard Geyer, Joseph Geyser u. Franz Pelster S. J.
herausgegeben von Univ.-Prof. Dr. Martin Grabmann-München.

Band I. 1. Paul Correns: Die dem Boethius fälschlich zugeschriebene Abhandlung des Dominicus Gundisalvi de unitate. IV u. 56 S. 2,40
2—4. Clem. Baeumker: Avencebrolis (Ibn Gebirol) Fons Vitae. Ex arabico in latinum translatus ab Johanne Hispano et Dominico Gundissalino. Fascicul. I—III. XXVIII u. 558 S. 22,—

Band II. 1. Matth. Baumgartner: Die Erkenntnislehre des Wilh. v. Auvergne. VIII u. 102 S. 4,20
2. Max Doctor: Die Philosophie des Josef (Ibn) Zaddik. VIII u. 52 S. 2,40
3. Georg Bülow: Des Dominicus Gundissalinus Schrift Von der Unsterblichkeit der Seele. Nebst einem Anhange, enthaltend die Abhandlung des Wilhelm von Paris De immortalitate animae. VIII u. 144 S. 6,—
4. Matth. Baumgartner: Die Philosophie des Alanus de Insulis. XII u. 148 S. 6,—
5. Albino Nagy: Die philosoph. Abhandlungen des Ja'qûb ben Ishâq al-Kindî. XXXIV u. 84 S. 5,40
6. Clem. Baeumker: Die Impossibilia des Siger von Brabant. VIII u. 200 S. 7,80

Band III. 1. B. Domanski: Die Psychologie des Nemesius. XX u. 168 S. 7,20
2. Clem. Baeumker: Witelo, ein Philosoph und Naturforscher des XIII. Jhd. XXII u. 686 S. 26,40
3. Mich. Wittmann: Die Stellung des hl. Thomas von Aquin zu Avencebrol. VIII u. 79 S. 3,30
4. M. Worms: Die Lehre v. d. Anfangslosigkeit der Welt bei den mittelalt. arab. Philosophen d. Orients u. ihre Bekämpfung durch die arab. Theologen (Mutakallimûn). VIII u. 72 S. 3,—
5. J. N. Espenberger: Die Philosophie d. Petrus Lombardus u. ihre Stell. i. 12. Jhd. XII u. 140 S. 5,70
6. B. W. Switalski: Des Chalcidius Kommentar zu Platos Timaeus. VIII u. 116 S. 4,60

Band IV. 1. Hans Willner: Des Adelard v. Bath Traktat De eodem et diverso. VIII u. 112 S. 4,50
2—3. Ludw. Baur: Gundissalinus, De divisione philosophiae. XII u. 408 S. 15,60
4. Wilh. Engelkemper: Die relph. Lehre Saadja Gaons über die Hl. Schrift. VIII u. 76 S. 3,15
5—6. Artur Schneider: Beiträge zur Psychologie Alberts des Großen. XVI u. 292 S. u. VIII u. 293-560 S. 21,60

Band V. 1. Mich. Wittmann: Zur Stellung Avencebrols im Entwicklungsgange der arabischen Philosophie. VIII u. 80 S. 3,30
2. Seb. Hahn: Thomas Bradwardinus u. s. Lehre v. d. menschl. Willensfreiheit. IV u. 56 S. 2,30
3. M. Horten: Das Buch der Ringsteine Fârâbîs. Mit dem Kommentar des Emir Ismâ'îl el-Hoseîni el-Fârâni. XXVIII u. 515 S. 20,40
4. P. Parthenius Minges O. F. M.: Ist Duns Scotus Indeterminist? XII u. 140 S. 5,50
5—6. Engelb. Krebs: Meister Dietrich, sein Leben, s. Werke, s. Wissenschaft. XII u. 232 S. 15,—

Band VI. 1. Heinrich Ostler: Die Psychologie des Hugo von St. Viktor. VIII u. 184 S. 7,20
2. Jos. Lappe: Nicolaus v. Autrecourt, Sein Leben, s. Philosophie, s. Schriften. XXXI u. 48 S. 3,90
3. G. Grunwald: Geschichte d. Gottesbeweise i. MA bis z. Ausgang d. Hochscholastik. X u. 164 6,60
4—5. Ed. Lutz: Die Psychologie Bonaventuras. VIII u. 220 S. 8,40
6. Pierre Rousselot: Pour l'histoire du problème de l'amour au Moyen Age. II u. 104 S. 4,80

Band VII. 1. P. Parth. Minges O.F.M.: Der angebl. exz. Realismus d. Duns Scotus. X u. 108 S. 4,50
2—3. B. Geyer: Die Sententiae divinitatis, ein Sentenzenbuch d. Gilbertsch. Schule. VI u. 208 S. 10,50
4—5. P. O. Keicher O. F. M.: Raymundus Lullus u. s. Stell. z. arab. Philosophie. VIII u. 224 S. 8,70
6. Arnold Grünfeld: Die Lehre vom göttlichen Willen bei den jüdischen Religionsphilosophen des Mittelalters von Saadja bis Maimûni. VIII u. 80 S. 3,30

Band VIII. 1—2. P. Augustin Daniels O. S. B.: Quellenbeiträge und Untersuchungen zur Geschichte der Gottesbeweise im dreizehnten Jahrhundert mit besonderer Berücksichtigung des Arguments im Proslogion des hl. Anselm. XII u. 168 S. 6,75
3. Jos. Ant. Endres: Petrus Damiani und die weltliche Wissenschaft. 36 S. 1,35
4. P. Petr. Blanco Soto O. E. S. A.: Petri Compostellani De consol. rat. libri duo. IV u. 152 S. 6,20
5. Jos. Reiners: Der Nominalismus in der Frühscholastik. VIII u. 80 S. 3,30
6. E. Vansteenberghe: Le „De Ignota Litteratura" de Jean Wenck de Herrenberg. 43 S. 1,80
7. Georg Graf: Die Philosophie u. Gotteslehre des Jahjâ Ibn 'Adî u. spät. Autoren. VIII u. 80 S. 3,90

Aschendorffsche Verlagsbuchhandlung, Münster in Westf.

BEITRÄGE ZUR GESCHICHTE DER PHILOSOPHIE DES MITTELALTERS.

TEXTE UND UNTERSUCHUNGEN.

IN VERBINDUNG MIT
GEORG GRAF VON HERTLING,
FRANZ EHRLE S. J.,
MATTHIAS BAUMGARTNER UND MARTIN GRABMANN
HERAUSGEGEBEN VON
CLEMENS BAEUMKER.

BAND XX. HEFT 2.
DR. MARTIN GRABMANN: DIE PHILOSOPHIA PAUPERUM UND IHR VERFASSER ALBERT VON ORLAMÜNDE.

MÜNSTER i. W. 1918.
VERLAG DER ASCHENDORFFSCHEN BUCHHANDLUNG.

DIE PHILOSOPHIA PAUPERUM
UND IHR VERFASSER
ALBERT VON ORLAMÜNDE.

EIN BEITRAG ZUR GESCHICHTE DES PHILOSOPHISCHEN
UNTERRICHTES AN DEN DEUTSCHEN STADTSCHULEN
DES AUSGEHENDEN MITTELALTERS

VON

DR. MARTIN GRABMANN,
O. PROFESSOR AN DER UNIVERSITÄT WIEN.

MÜNSTER i. W. 1918.
VERLAG DER ASCHENDORFFSCHEN BUCHHANDLUNG.

Vorwort.

Diese Untersuchung ist aus meinem Seminar des Wintersemesters 1916/17 an der Wiener Universität hervorgewachsen, in dem ich die methodischen Grundsätze einer: „Einführung in das scholastische Quellen- und Handschriftenstudium" eben an der Autorfrage der Philosophia pauperum veranschaulichte. Ein Nebenergebnis dieser Studie ist ein Einblick in den philosophischen Unterricht an den deutschen Universitäten und besonders Stadtschulen des ausgehenden Mittelalters.

Der Frage, ob Magister Petrus von Dresden, der Verfasser des „Parvulus philosophiae naturalis", mit dem aus der Husitenbewegung bekannten Magister Petrus von Dresden identisch sei, bin ich nicht näher nachgegangen, da ihre Lösung für den Gegenstand und Weg meiner Untersuchung nicht von Belang ist.

Wien, den 17. März 1918.

Der Verfasser.

Inhaltsverzeichnis

Vorwort	V
Literaturverzeichnis	VII
Verzeichnis der benützten und angeführten Handschriften	VIII
Einleitung	1—4
I. Fr. Pangerl über die Autorfrage. — Zur Philosophia pauperum parallele und Albert d. Gr. zugeeignete naturphilosophische Kompendien	5—13
II. A. Dyroff über die Autorfrage. Die ältesten Handschriften der Philosophia pauperum	13—22
III. Quétif-Echard gegen Albert von Orlamünde als Verfasser der Philosophia pauperum	22—29
IV. Der „Parvulus philosophiae naturalis" des Petrus von Dresden .	29—33
V. Kommentare zur Philosophia pauperum von Vinzenz Varnholte von Spandau, Eberhard Locatus u. a.	33—39
VI. Ein Albert von Sachsen zugeschriebener Kommentar zur Philosophia pauperum	39—46
VII. Albert von Orlamünde, der Verfasser der Philosophia pauperum	46—54
Personenverzeichnis	55—56

Literaturverzeichnis.

ANTOLIN P. GUILLERMO, Catalogo de los Códices latinos de la Real Bibliotheca del Escorial I, Madrid 1910.
ASCHBACH J., Geschichte der Wiener Universität I, Wien 1865.
BAEUMKER CL., Die christliche Philosophie des Mittelalters, in Kultur der Gegenwart I 5², Leipzig und Berlin 1913.
DELISLE L., Inventaire des manuscrits de la Sorbonne, Paris 1870.
DE WULF M., Geschichte der mittelalterlichen Philosophie. Autorisierte deutsche Übersetzung von R. Eisler, Tübingen 1913.
DYROFF A., Über Albert von Sachsen, in: Festgabe für Cl. Baeumker, Supplementband zu Beitr. z. Gesch. d. Philos. des Mittelalters, Münster 1913.
EHRLE FR., Der Kampf um die Lehre des hl. Thomas von Aquin in den ersten fünfzig Jahren nach seinem Tode, in: Zeitschrift für kath. Theologie XXXVII (1913).
GOTTLIEB TH., Mittelalterliche Bibliothekskataloge Österreichs, I. Band Niederösterreich, Wien 1915.
GRABMANN M., Forschungen über die lateinischen Aristotelesübersetzungen des 13. Jahrh., in: Beitr. z. Gesch. d. Philos. d. Mittelalters, hrsg. von Baeumker XVII, 5—6, Münster 1916.
HAUCK A., Kleinigkeiten. 2. Hugo Ripelin, in: Zeitschr. f. Kirchengeschichte XXXII (1911), 378—385.
HAUPT J., Über das medizinische Arzneibuch des Meisters Bartholomaeus, in: Sitzungsberichte der philos.-hist. Klasse der Wiener Akademie der Wissenschaften LXXI (1872).
HAURÉAU B., Notices et extraits de quelques manuscrits de la bibliothèque nationale V, Paris 1896.
HEINEMANN O. v., Die Handschriften der herzoglichen Bibliothek in Wolfenbüttel, Wolfenbüttel 1884 ff.
LAUDE P. J., Catalogue des manuscrits de la bibliothèque publique de Bruges, Brügge 1859.
LITTLE A. G., Roger Bacon Essays, Oxford 1914.
LOE P. DE, De vita et scriptis B. Alberti Magni, in: Analecta Bollandiana XX (1901).
—, Statistisches über die Ordensprovinz Saxonia in: Quellen und Forschungen zur Geschichte des Dominikanerordens in Deutschland 4, Leipzig 1910.
MACRAY W. D., Catalogi codicum manuscriptorum bibliothecae Bodleianae IX: Codices a viro clarissimo Kenelm Digby anno 1634 donatos complectens, Oxonii 1883.
MANDONNET P., Albert le Grand, in: Dictionnaire de théologie catholique I und Dictionnaire d'hist. ecclés. I.
MARX J., Verzeichnis der Handschriften-Sammlung des Hospitals von Cues, Trier 1905.
MICHALSKI KONSTANTY, Tomizm w Polsce na przełomie XV i XVI wieku in: Extrait de Bulletin de l'Académie des Sciences de Cracovie Janvier-Juillet 1916.
NIGLIS A., Siger von Courtrai. Beiträge zu seiner Würdigung, Freiburg 1903.
PANGERL FR., Studien über Albert d. Gr. in: Zeitschrift für kath. Theol. XXXVI (1912).

PETRUS DE PRUSSIA, Vita b. Alberti, doctoris magni, ex Ordine Praedicatorum, episcopi Ratisponensis, Antwerpiae 1621.
PFEIFFER FR., Das Buch der Natur von Konrad von Megenberg (Textausgabe), Stuttgart 1861.
QUÉTIF-ECHARD, Scriptores Ordinis Praedicatorum I, Paris 1719.
ROSE V., Verzeichnis der lateinischen Handschriften der Königlichen Bibliothek zu Berlin II^3, Berlin 1905.
SCHULZ H.. Das Buch der Natur von Konrad von Megenberg. In neuhochdeutscher Sprache bearbeitet, Greifswald 1897.
SUHUM W., Beschreibendes Verzeichnis der Amplonianischen Handschriftensammlung, Berlin 1887.
SOMMERFELD G., Zu Heinrich Totting von Oyta, in: Mitteilungen des Institutes für österreichische Geschichtsforschung XXV (1907).
ÜBERWEG-BAUMGARTNER, Grundriß der Geschichte der Philosophie der patristischen und scholastischen Zeit[10], Berlin 1915.
VALENTINELLI J., Bibliotheca manuscripta ad S. Marcum Venetiarum IV, Venetiis 1871.
WALLERAND G., Les oeuvres de Sige. de Courtrai. (Étude critique et textes inédits), in: Les Philosophes Belges VIII, Louvain 1913.
WEISS M., Primordia novae bibliographiae B. Alberti M.^{2}, Parisiis 1905.

Verzeichnis der benützten und angeführten Handschriften.

(Die Ziffer vor dem Doppelpunkt gibt die Signaturnummer der Handschrift, die Ziffer nach dem Doppelpunkt die betr. Seitenzahl im Buche an.)

ADMONT, Stiftsbibliothek 487 20.
BERLIN, Königliche Bibliothek Elect. 913 : 30, 35. — Elect. 915 : 31. — Elect. 969 33. — Elect. 976 : 31. — Elect. 989 : 34.
BRÜGGE, Bibliothèque publique de la ville 485 22.
CAMBRIDGE, Gonville and Cajus College 35 8. — 414 8.
CUES, Hospitalbibliothek 192 : 10—12.
EICHSTÄTT, K. Bibliothek 630 : 39.
ERFURT, Stadtbücherei (Amplonianische Handschriftensammlung) F 16 : 21. — Q 48 : 49 ff. — Q 300 : 35. — Q 305 : 35.
ESCORIAL, Real Biblioteca Cod. lat. L I 16 : 37.
ST. FLORIAN, Stiftsbibliothek XI 633 9.
GÖTTWEIG, Stiftsbibliothek 133 : 8.
INNSBRUCK, Universitätsbibliothek 225 : 12 f., 18.
KLOSTERNEUBURG, Stiftsbibliothek 270 : 20, 35 — 749 : 21.
LEIPZIG, Universitätsbibliothek Cod. lat. 1084 : 31.
MELK, Stiftsbibliothek 109 : 9.
MÜNCHEN, Hof- und Staatsbibliothek Codd. lat. (Clm.) 429 : 38. — 5640 : 47—49, 50. — 14897 : 39. — 18917 33. — 19698 : 39. — 26838 : 14.
OXFORD, Bodleiana Cod. 150 Digby : 15.
PARIS, Bibliothèque nationale 16 222 : 16—19, 51.
ROM, Biblioteca Vaticana Vat. lat. 1308 u. 1309 : 6.
VENEDIG, Biblioteca Marciana Cl. XII n. 8 : 21. — Cl. XII n. 65 9.
WIEN, Hofbibliothek Codd. lat. 2357 : 9. — 2373 : 7. — 2511 : 8. — 5178 : 32. 5185 : 32. — 5242 : 32, 37, 38, 48
—, Dominikanerbibliothek 57 : 39 ff.
WÖLFENBÜTTEL, Herzogliche Bibliothek 1008 : 31, 36.

Einleitung.

Die Theologie Alberts d. Gr. wurde in dem Compendium theologicae veritatis zu einem viel gebrauchten Abriß der Dogmatik zusammengefaßt, die Naturphilosophie des größten deutschen Denkers des Mittelalters fand in der sogenannten Philosophia pauperum eine gleichfalls weitverbreitete auszugsweise Darstellung. Während für das Compendium theologicae veritatis Hugo Ripelin von Straßburg als Verfasser nachgewiesen ist[1], ist die Autorfrage der Philosophia pauperum bis zur Stunde noch nicht geklärt. Es ist ja eine eigenartige Erscheinung, daß gerade solche scholastische Werke, die in sehr zahlreichen Handschriften verbreitet waren, der literarhistorischen Bestimmung solche Schwierigkeiten bereiten.

In den folgenden Ausführungen soll der Versuch gemacht werden, eine Lösung dieser Autorfrage herbeizuführen. Es wird hierbei an die bisherige Behandlung dieser Autorfrage angeknüpft. Besonders werden die neuesten Darlegungen von Franz Pangerl wie von A. Dyroff und eine ältere Erörterung von Quétif-Echard zum Ausgangs- und Anknüpfungspunkt der literarhistorischen Untersuchung zu machen sein. Diese Darlegungen geben mir Anlaß, der handschriftlichen Überlieferung der Philosophia pauperum nachzugehen. Die Stellungnahme von Fr. Pangerl führt mich außerdem noch dazu, einer Reihe von

---

[1] Vgl. L. Pfleger, *Hugo von Straßburg und das Compendium theologicae veritatis,* in: Zeitschr. f. kath. Theol. XXVIII (1904) 429—440; M. Grabmann, *Studien über Ulrich von Straßburg,* in: Zeitschr. f. kath. Theol. XXIX (1905), 321—330; A. Hauck, *Kleinigkeiten 2. Hugo Ripelin,* in: Zeitschr. f. Kirchengeschichte XXXII (1911), 378—385; P. Mandonnet, *La théologie dans l'ordre des frères prêcheurs,* in: Dictionnaire de theol. cath. VI, 871. Mandonnet will die Geschichte („la curieuse histoire") des Compendium theologicae veritatis schreiben.

parallelen Traktaten, in welchen die Naturphilosophie mit mehr oder minder ausdrücklicher Berufung auf Albertus Magnus dargestellt ist, in der handschriftlichen Literatur der Scholastik, namentlich der späteren Scholastik nachzugehen. Die Untersuchung dieser Autorfrage wird uns auch mit einer umfassenden, bisher nicht durchsuchten Literatur von Kommentaren zur Philosophia pauperum bekannt machen. Ein Nebenergebnis dieser Forschungen wird ferner darin gesehen werden können, daß die gewaltige Einwirkung der Werke Alberts d. Gr. auf die nachfolgenden Jahrhunderte auch in diesen bisher noch wenig, großenteils noch gar nicht durchsuchten handschriftlichen Materialien uns entgegentritt. Es ist dies jedoch nur ein kleiner Ausschnitt aus dem weiten Umkreis dieses einflußreichen Fortlebens und Fortwirkens Albertus Magnus in der ausgehenden Scholastik, besonders in der ausgehenden deutschen Scholastik. Man müßte die Schriften der deutschen Dominikaner, sodann die philosophischen Arbeiten, vor allem die Aristoteleskommentare der Professoren an den deutschen Universitäten des ausgehenden Mittelalters und noch über die Schwelle der Neuzeit herüber planmäßig untersuchen, um diese Fülle von Verbindungslinien zu Albert zurück wahrzunehmen. Wie ergebnisreich solches Nachforschen ist, dafür sind neueste vielverheißende Forschungen und Feststellungen von C. Michalski in Krakau ein wertvoller Beleg[1].

Um zunächst einleitungsweise einige kürzere Äußerungen neuerer Autoren zur Verfasserfrage der Philosophia pauperum zu vernehmen, so hat M. Weiß in seiner verdienstvollen Albertusbibliographie über die Echtheit der Philosophia pauperum sich nicht geäußert, er hat aber auf eine große Anzahl von Hand-

---

[1] Michalski Konstanty, *Tomizm w Polsce na przełomie XV i XVI wieku (Die thomistische Philosophie in Polen an der Wende des XV. und XVI. Jahrhunderts)*, in: *Extrait de Bulletin de l'Académie des Sciences de Cracovie* Janvier-Juillet 1916, 64—72. Wie schon aus der gedrängten deutschen Skizze, die Michalski von seiner längeren polnisch geschriebenen Abhandlung uns hier bietet, deutlich ersichtlich ist, werden hier neue Funde und Resultate über Heimericus de Campo und den Streit der Albertisten und Thomisten an der Universität Köln und über den Nachhall dieser Kontroverse auch an der Krakauer Universität geboten.

schriften und von alten Drucken in dankenswerter Weise hingewiesen[1]. Valentin Rose, dem wir über literarhistorische Probleme der Scholastik, namentlich über Fragen der Aristotelesübersetzung und Aristotelesüberlieferung, so wertvolle Aufschlüsse verdanken, hat in seinem vorbildlichen Katalog der lateinischen Handschriften der K. Bibliothek Berlin auch über die Philosophia pauperum sich ausgesprochen. „Die sogenannte Philosophia naturalis Alberti Magni, richtiger Summa Alberti" wird von ihm charakterisiert als „der im 14. Jahrhundert für Schulzwecke gemachte und für solche bis an den Anfang des 16. Jahrh. gebrauchte Auszug aus Albertus Magnus in fünf Büchern (De phys., de caelo et mundo, de generatione et corruptione, de meteor., de anima)"[2]. V. Rose führt in einer Anmerkung aus dem Vorwort des Druckers zur Leipziger Ausgabe 1496 die folgende Stelle an, welche für die Wertschätzung dieser Schrift noch am Ausgang des Mittelalters deutlich spricht: „Nihil itaque (me iudicante) studiosis scholaribus in naturali philosophia prima rudimenta haurire cupientibus optabilius prestancius dignius ac melius hac summa esse poterit ... ad hanc se conferat bonarum artium studiosus indagator, si salvus si securus, si denique doctus in naturali philosophia esse cupierit." V. Rose hält sonach auch die Philosophia pauperum nicht für ein echtes Werk Alberts d. Gr., sondern für ein im 14. Jahrh. zu Schulzwecken gefertigtes Exzerpt aus den Schriften des Doctor universalis. P. Mandonnet bezeichnet, ohne die Echtheitsfrage zu berühren, die Philosophia (pauperum) oder Isagoge als „un abrégé des sciences naturelles"[3]. M. de Wulf bemerkt nur, daß die Echtheit der Philosophia pauperum bestritten wird[4]. M. Baumgartner unterrichtet klar über den

---

[1] M. Weiß, *Primordia novae bibliographiae B. Alberti Magni*[2] (Parisiis 1905) 70.

[2] V. Rose, *Verzeichnis der lateinischen Handschriften der Königlichen Bibliothek zu Berlin* II, 3 (Berlin 1905) 1124.

[3] P. Mandonnet, *Albert le Grand*, in: *Dictionnaire de théologie catholique* I, 670. Das Gleiche im Artikel *Albert le Grand*, in: *Dictionnaire d'hist. ecclés.* I, 515.

[4] M. de Wulf, *Geschichte der mittelalterlichen Philosophie*, übersetzt von R. Eisler (Tübingen 1913) 284.

neuesten Stand der Forschung, wie er durch Pangerl und Dyroff gegeben ist[1]. P. von Loë, ein hervorragender Spezialist auf dem Gebiet der Albertusforschung, spricht sich über die Autorschaft an der Philosophia pauperum also aus[2]: „Non est opus genuinum Alberti Magni, sed est ex ejus commentariis et variis tractatibus compilatum. Hoc dubium esse non potest conferenti textum philosophiae pauperum cum textu commentariorum et tractatuum Alberti. Haud raro enim in illo opere eaedem sententiae vel narrationes, quae hic habentur, iisdem verbis repetuntur."

Die neuesten und ausführlichsten Erörterungen über die Autorfrage der Philosophia pauperum verdanken wir Fr. Pangerl und A. Dyroff. Es ist deswegen angezeigt, sich zuerst mit deren Auffassungen zu beschäftigen. Wie schon eingangs bemerkt wurde, werden wir hierdurch zur Untersuchung der mit der Philosophia pauperum verwandten, auch unter Alberts Namen gehenden Literatur und zur Erforschung der ältesten handschriftlichen Überlieferung der Philosophia pauperum selbst angeregt und geführt. Sodann werden wir uns mit Ausführungen von Quétif-Echard befassen, welche auf die richtige Spur der Lösung unserer Autorfrage gekommen sind, diese Spur aber selbst wieder verwischt haben. An diese mehr kritisch referierenden und ergänzenden Erwägungen werden sich Mitteilungen über alte Bearbeitungen und Kommentare zur Philosophia pauperum schließen. Damit wird uns nicht bloß ein bisher ganz unbekanntes philosophisches Schrifttum des ausgehenden Mittelalters gezeigt, sondern auch der Weg zur Beantwortung der Autorfrage der Philosophia pauperum gewiesen.

---

[1] Überweg-Baumgartner, *Grundriß der Geschichte der Philosophie der patristischen und scholastischen Zeit* [10] (Berlin 1915) 465 f.

[2] Paulus de Loe O. Pr., *De vita et scriptis B. Alberti Magni*, in: *Analecta Bollandiana* XX (1901), 369.

I. Fr. Pangerl über die Autorfrage. — Zur Philosophia pauperum parallele und Albert d. Gr. zugeeignete naturphilosophische Kompendien.

Fr. Pangerl spricht sich in seinen gehaltvollen „Studien über Albert den Großen"[1] dafür aus, daß die Philosophia pauperum ein echtes Werk des großen deutschen Scholastikers sei. Er leitet seine Erörterung über die Autorfrage der Philosophia pauperum mit einer Polemik gegen P. von Loë ein. Wie wir gesehen haben, begründet dieser Albertusforscher seine These, daß die Philosophia pauperum kein echtes Werk des Albertus sei, damit, daß in der Philosophia pauperum oder Isagoge, wie dieses Werk auch benannt wird, häufig dieselben Sätze und Erzählungen, die in den großen Aristoteleskommentaren Alberts stehen, wiederholt werden. Fr. Pangerl geht auf diese Wiederholungen und Exzerpte, die mehr oder minder wortwörtlich aus den Aristotelesparaphrasen Alberts in die Philosophia pauperum übernommen sind, näher ein, findet aber diesen Grund für die Unechtheit als nicht völlig stichhaltig. Denn erstens müßte absolut gesprochen ein Auszug nicht gerade von fremder Hand sein; zweitens ist das Urteil über den Charakter eines solchen Auszuges vielfach schwierig genug und eine darauf sich stützende Beweisführung gewinnt eigentlichen Wert erst im Anschluß an andere Argumente. Pangerl geht nun auf die hauptsächlich in Betracht kommenden Auszüge und Erzählungen ein und will durch Belege nachweisen, daß gerade die Behandlung der Erzählungen nicht die eines fremden Kompilators sei. In der Philosophia pauperum finden sich bei diesen inhaltlich gemeinsamen Erzählungen persönlicher Erleb-

---

[1] Fr. Pangerl S. J., *Studien über Albert d. Gr.*, in: *Zeitschrift für kath. Theol.* 36 (1912) 524—529.

nisse noch Zusätze, die an den betreffenden Stellen von Alberts Aristoteleskommentaren nicht stehen. Hier zieht Pangerl auch den bekannten Bericht über das von Albert d. Gr. selbst beobachtete, durch ein Erdbeben verursachte Verschwinden des Neckarflusses in der Nähe von Lauffen heran. Es wird dieser Vorgang von Albert im Kommentar zu den Meteorologica geschildert. In der Philosophia pauperum wird das gleiche „Ereignis in sehr verschiedener Weise erzählt und in einer ganz anderen Frage verwertet". — Ich möchte indessen hierzu bemerken, daß dieser Bericht über das Verschwinden des Neckarflusses noch zu Lebzeiten Alberts von anderen Autoren übernommen wurde. Cod. Vat. lat. 1308 und 1309 enthalten eine theologische Summe in Dialogform, die, wie ich auch aus Bemerkungen im Texte ersehen konnte, 1272 von einem deutschen Dominikaner geschrieben wurde. Ich werde auf dieses sehr lebendig und innig geschriebene Werk in meiner Geschichte der scholastischen Methode bei Behandlung der Schule Alberts d. Gr. näher eingehen. Hier ist nur zu bemerken, daß in diesem Werke (Cod. Vat. lat. 1308 fol. 91^v) sich auch dieser Bericht über das Vorkommnis bei Lauffen, und zwar als persönliches Erlebnis, findet. Ich konnte bisher einen inneren oder äußeren stichhaltigen Grund für eine Zuweisung dieses interessanten Werkes an den großen Albertus nicht finden.

An seine Entgegnung auf die Einwände von P. von Loë reiht Pangerl positive Argumente für die Echtheit der Philosophia pauperum an. Das erste positive Argument ist das Zeugnis des Stamser Kataloges, welcher die älteste uns bekannte Liste Alberts d. Gr. bietet. Hier heißt es bei Aufzählung der Werke Alberts d. Gr.: Item librum introductorium in libros naturales. Pangerl bemerkt hiezu: „Man wird darin wohl die Isagoge erkennen müssen." Diesem Schluß dürfte man beipflichten dürfen, wenn in der handschriftlichen Überlieferung sonst kein ähnliches Werk den Namen Alberts d. Gr. tragen würde. Ich konnte aber bei der Zusammenstellung der Schriften, welche in den Handschriften Albertus Magnus zugeteilt werden, sogar mehrere Werke feststellen, welche man auch als „liber introductorius in libros naturales" ansprechen kann.

In meinen „Forschungen über die lateinischen Aristotelesübersetzungen des 13. Jahrhunderts"[1] habe ich eine ungedruckte Einführung in die aristotelischen Schriften aus der Mitte des 13. Jahrhunderts, die den Titel trägt: Compilatio de libris naturalibus eingehend besprochen und dabei Veranlassung zur Stellung der Frage gehabt, ob darunter nicht der „liber introductorius in libros naturales" zu verstehen sei und ein Jugendwerk des großen Albertus vorliege. Indessen reichen zur Stunde die äußeren Zeugnisse nicht aus, um darauf eine bestimmte Antwort geben zu können.

Ein zweites naturwissenschaftliches Kompendium, das mit Albert in Beziehung gebracht ist, steht am Anfang der Wiener Handschrift Cod. lat. 2373 (s. XIII/XIV). Von fol. 1r—49r finden sich hier Zusammenfassungen der Hauptgedanken der aristotelischen Physik, De caelo et mundo, De generatione et corruptione, Meteorologica, De anima. Wir werden dabei sofort an die Struktur der Philosophia pauperum erinnert. Auch das Initium bewegt sich in dem parallelen Gedankengang der Philosophieeinleitung: Secundum diversitatem abstractionis a materia et modorum (?) diffinitiones tres sunt partes essentiales sc. metaphysica, mathematica et physica. Zu beachten ist, daß in der gleichen Handschrift unmittelbar an die genannten kurzen Bearbeitungen dieser aristotelischen Schriften die echten Albertusschriften De intellectu et intelligibili und De causis proprietatum elementorum zu stehen kommen. Auf der Innenseite des vorderen Deckels ist von alter Hand ein Inhaltsverzeichnis angebracht, wobei rechts von Physicorum der Name Albertus angebracht ist. Es ist damit Albertus auch als Verfasser der daran sich reihenden Arbeiten über De caelo et mundo, De generatione et corruptione, Meteororum, De anima hingestellt, da es sich hier um Teile eines als Einheit gedachten und gewollten Werkes handelt. Die Schriftzüge der Handschrift selbst sind die des endigenden 13. und beginnenden 14. Jahrh. Mir ist bisher eine zweite Handschrift dieses Werkes noch nicht begegnet.

---

[1] M. Grabmann, *Forschungen über die lateinischen Aristotelesübersetzungen des XIII. Jahrhunderts (Beiträge zur Geschichte der Philosophie des Mittelalters,* hrsg. von Baeumker, XVII, 5—6. Münster 1916) 74—86.

Ein drittes in den Handschriften Albert zugeschriebenes Kompendium naturwissenschaftlichen Inhalts trägt den Titel: Albertus Magnus de naturis rerum. Das Initium lautet: Naturas rerum in diversis auctorum scriptis late per orbem sparsas inveniens cum labore nimio et sollicitudine non parva annis ferme XV operam dedi. Das erste Buch handelt De anatomia hominis. Zwei Handschriften befinden sich in der Bibliothek des Gonville and Cajus College in Cambridge; es sind dies die Codd. 35 (s. XV) und 414 (s. XIII). Eine Handschrift ist uns auch in der Stiftsbibliothek von Göttweig (Cod. 133) erhalten, welche dem 14. Jahrhundert entstammt und die Aufschrift führt: Incipit liber de naturis seu proprietatibus rerum a magistro Alberto Magno editus. Es folgt dann das oben angegebene Initium und hierauf beginnt das erste Buch: Incipit liber 1. de anatomia hominis. Indessen ist trotz der angeführten handschriftlichen Zuteilungen, die sich noch vermehren ließen, dieses Werk nicht Albert d. Gr. zugehörig, sondern ist laut dem Zeugnis noch zahlreicherer Handschriften der (ungedruckte) Liber de natura rerum des Thomas von Chantimpré († ca. 1279).

Ein viertes Werk, das als Liber introductorius in libros naturales Alberts angesprochen werden könnte, beginnt mit: Sermo generalis de VII regionibus et primo dicendum de VII regionibus aëris et earum humoribus. Dieses Werk ist das erste Stück des Cod. lat. 2511 der Wiener Hofbibliothek. In Schriftzügen, die noch dem 13. Jahrhundert, spätestens dem beginnenden 14. Jahrhundert angehören dürften, lesen wir hier: Incipit liber editus a fratre Alberto quondam Ratisponensi episcopo, eine verhältnismäßig ältere Zuteilung an Albert d. Gr. als dies bezüglich der Philosophia pauperum der Fall ist. Es umfaßt diese Schrift zwölf solche sermones generales: 1. De septem regionibus, 2. De animalibus quadrupedibus, 3. De avibus, 4. De monstris marinis, 5. De generibus piscium, 6. De serpentibus, 7. De vermibus, 8. De arboribus, 9. De herbis, 10. De lapidibus pretiosis et sculpturis, 11. De metallis, 12. De partibus et membris humani corporis. Fol. 86ᵛ schließt das Werk: Explicit liber de naturis animalium, es beginnt sodann ein „liber mappae mundi" Eine Handschrift aus dem Jahre 1324 von dem gleichen

Werke befindet sich in der Stiftsbibliothek von St. Florian unter der Signatur XI 633 und mit dem Titel: Albertus de naturis. Auch die Stiftsbibliothek von Melk bewahrt im Cod. 109 fol. 3r—89r das gleiche Werk auf, das dort den Titel: Alberti Magni Summa de naturis rerum führt. Das Initium ist das gleiche wie in den vorgenannten Handschriften: Sermo generalis de septem regionibus. In dem neuen Handschriftenkatalog der Melker Stiftsbibliothek ist dieser Teil des Codex dem s. XII zugewiesen[1]. Es handelt sich hier offenbar um ein Versehen oder einen Druckfehler (für s. XIII), wie ja auch die ganze Handschrift dem s. XIII u. XIV zugeteilt ist. Zugleich ist in diesem Kataloge vermerkt: „Hoc opus, quod inter edita non reperitur, tribuunt rubricistae anno 1355 Alberto Magno". Im Melker Katalog aus dem Jahre 1483 ist dieses Werk doppelt verzeichnet als „Summa quedam de rerum naturis Alberti Magni"[2]. Daß hiermit die hier in Frage stehende Schrift gemeint ist, ergibt sich aus der anschließenden Angabe: Liber Techel, philosophi ludaici, de sculpturis lapidum. Dieses letztere Stück ist nämlich im jetzigen Cod. 109 mit der Summa Alberti de naturis rerum verbunden. Endlich bewahrt auch die Biblioteca Marciana in Venedig ein Exemplar des gleichen Werkes auf. Cl. XII. Cod. 65 s. XV enthält einen: „Liber editus a fratre Alberto, quondam Ratisponensi episcopo". Die Überschrift am Beginn des Werkes lautet: Sermo generalis de universo. Das Initium ist folgendes: Septem sunt regiones aëris, ut dicunt philosophi. Wie wir an der Hand dieser Codices wahrnehmen können, ist die handschriftliche Zuteilung dieses Werkes an Albertus Magnus eine einmütige und weit zurückweichende[3]. Bei der Philosophia pauperum trifft

---

[1] *Catalogus codicum manuscriptorum, qui in bibl. monasterii Mellicensis servantur* I (Vindobonae 1889) 176.

[2] Vgl. Th. Gottlieb, *Mittelalterliche Bibliothekskataloge Österreichs*, I. Band Niederösterreich (Wien 1915) 256.

[3] Im Cod. 547 zu Admont findet sich fol. 1r—81r dieses Werk anonym. Auf der Außenseite des Deckels steht von etwas späterer Hand: Albertus M. de rebus naturalibus. Im Cod. lat. 2357 (s. XIII/XIV) der Wiener Hofbibliothek ist diese Schrift (fol. 1r—46r) in kritikloser Weise Lucretius zugeteilt, also dem römischen Dichter, der bekanntlich ein Werk *De rerum natura* verfaßt hat. — J. Haupt, *Über das medizinische Arzneibuch des Meisters Bartholomaeus*, in: *Sitzungsberichte der philos.-hist. Klasse der Wiener Akademie der Wissenschaften* LXXI (1872)

dies, wie sich uns alsbald zeigen wird, keineswegs in gleichem Maße zu.

Ein von den vorhergehenden Traktaten verschiedenes fünftes Werk begegnet uns im Cod. 192 der Hospitalbibliothek von Cues, der gerade für die deutsche Scholastik und Mystik des ausgehenden Mittelalters so wertvollen Handschriftensammlung des großen Kardinals Nikolaus von Cues. Von fol. 1^r—18^v dieses dem

---

558 A. 1 ist der Ansicht, daß dieses Werk die lateinische Vor und Unterlage für das *„Buch der Natur"* des Konrad von Megenberg († 1374), die erste Naturgeschichte in deutscher Sprache, gewesen ist: „Dieses Werk stimmt mit der Quelle Konrads von Megenberg, soviel wir von ihm selbst wissen, und mit dem Buch der Natur aufs genaueste überein in der Anordnung des Ganzen und Einteilung des Stoffes. Auch was Konrad unterdrückte nach seinem eigenen Zeugnisse, steht in diesen Hss. (nämlich des Sermo generalis usw.) gerade an demselben Orte." Damit stellt sich Haupt in Gegensatz zu F. Pfeiffer, der in der Einleitung zu seiner Textausgabe des Buches der Natur von Konrad von Megenberg (Stuttgart 1861) XXIX ff. den Liber de natura des Thomas Cantiprantanus als die Hauptquelle des Megenbergers ansieht. J. Haupt bemerkt: „Was F. Pfeiffer über die Quelle Konrads p. XXIX—XXXII sagt, ist vollkommen falsch, wie ich ein anderesmal zeigen werde." H. Schulz, *Das Buch der Natur von Konrad von Megenberg. In neuhochdeutscher Sprache bearbeitet* (Greifswald 1897) VII schließt sich an Pfeiffer an: „Hauptquelle ist das, etwa hundert Jahre früher geschriebene Werk: *Über die Natur der Dinge*. Dasselbe in lateinischer Sprache abgefaßt, hatte den Dominikaner und Schüler Alberts des Großen, Thomas von Cantimpré, zum Verfasser." Desgleichen auch F. Vogt, *Geschichte der mittelhochdeutschen Literatur* [2] (Sonderabdruck aus der zweiten Auflage von Pauls *Grundriß der germanischen Philologie* (Straßburg 1906) 353: „Das bemerkenswerteste Beispiel bietet das aus des Dominikaners Thomas von Cantimpré *Liber de naturis rerum* durch Konrad von Megenberg i. J. 1349/50 frei übersetzte, dabei auch selbständig gekürzte und erweiterte *Buch der Natur*, welches in Handschriften und seit 1475 in Drucken stark vervielfältigt, auch excerpiert und in einem solchen unter Albertus Magnus Namen gehenden Auszuge zum Volksbuche wurde." Um die Frage über die Quelle Konrads von Megenberg endgiltig entscheiden zu können, müßten beide in Betracht kommenden lateinischen Werke nicht bloß mit dem Buch der Natur des Megenbergers, sondern auch unter sich genau verglichen werden, eine Aufgabe, die natürlich nicht in den Rahmen unserer Untersuchung liegt. — Konrad von Megenberg selber bezeichnet in den Einleitungsversen zu seinem Buch der Natur (F. Pfeiffer, *a. a. O.* 2, 6 ff.) seine lateinische Vorlage als Werk Alberts:

> Also trag ich ain puoch
> von latein in däutschen wort,
> daz hât Albertus maisterleich gesamnet von den alten.

Indessen gegen Schluß (F. Pfeiffer, *a. a. O.* 430, 5—13) zweifelt Konrad von Megenberg an der Autorschaft Alberts: „dar umb sprich ich Megenberger,

14. Jahrhundert entstammenden Codex befindet sich ohne Überschrift ein Werk, das im Kolophon auf fol. 18^v sich also charakterisiert: Expliciunt dicta summe naturalis Alberti. Das Initium lautet: Seneca dicit in epistola quadragesima nona. Die Schlußworte lauten: Habet eligere bonum. J. Marx bemerkt in seinem Handschriftenkatalog von Cues hierzu: Verfasser dieses Werkes sowie des folgenden ist wohl Albertus de Saxonia († 1390)[1]. Die in der Handschrift folgenden Werke (fol. 18^v—105^r); welche keine einheitliche Überschrift aufweisen, faßt Marx als Quaestiones super libros Aristotelis zusammen und scheidet dann Quaestiones circa librum de anima und solche circa libros physicorum aus. Sodann gibt er einige Notizen wieder, die sich in diesen Teilen des Codex finden. Auf fol. 34^r z. B. steht: Explicit questio bona et utilis. Istam questionem disputavit magister reverendus nomine Hugo (rot durchstrichen). An einer Stelle findet sich die Randbemerkung: Theodoricus habet istos quaternos super summam Alberti. Auf fol. 47^r steht: Queritur circa librum metheororum. Mir war es leider noch nicht möglich, diese Handschrift selber einzusehen. Doch geben die Mitteilungen von Marx Handhaben, um über die Natur dieser Abhandlungen sich einigermaßen ein Urteil bilden zu können. Die an erster Stelle angebrachten Dicta summae naturalis Alberti, die für unsere Zwecke hauptsächlich in Betracht kommen, scheinen mir ein Exzerpt aus der Summa pauperum zu sein. Es dürfte sich dies nicht nur aus der Bezeichnung: Dicta summae naturalis Alberti, sondern auch aus den Schlußworten: Habet eligere malum ergeben, welche an den Schlußtext und Schlußgedanken der Philosophia pauperum gemahnen. Das Initium: Seneca dicit in epistola quadragesima nona mag einem diesem Excerpt vorangestellten Prologus angehören. Es ist

---

daz ich zweifel, ob Albertus daz puoch hab gemacht ze latein, wan er in andern püechern verr anders redet von den sachen dan daz puoch redet, er hab ez dann gemacht in der jugent, ê er seinen aigen sin volgt usw." Jedenfalls haben wir es hier mit einem beachtenswerten Beleg dafür zu tun, wie Albert d. Gr. oder doch sein Gedankenkreis auch auf die mittelhochdeutsche Literatur eingewirkt hat.

[1] J. Marx, *Verzeichnis der Handschriften-Sammlung des Hospitals von Cues* (Trier 1905) 178f.

wahrscheinlich, daß auch die an diese Dicta sich anschließenden Quaestiones super libros Aristotelis auf die Philosophia pauperum Bezug nehmen. Die Notiz: Theodoricus habet istos quaternos super summam Alberti läßt daran denken, es scheint sich auch nur um solche aristotelische Schriften zu handeln, die in den Umkreis der Philosophia pauperum fallen. Doch läßt sich hierüber naturgemäß nur ein klares Urteil bilden, wenn diese Handschrift einer genauen Durchprüfung unterzogen ist.

Aus diesen handschriftlichen Mitteilungen über ein der Sichtung noch bedürftiges Material ergibt sich jedenfalls ganz klar, daß durch den Liber introductionis in libros naturales, welchen der Stamser Katalog unter den Werken des Albertus Magnus aufzählt, keineswegs die Philosophia pauperum eindeutig bestimmt ist. Im Gegenteil, die handschriftliche Überlieferung beurkundet andere parallele Traktate teilweise fast mehr als Albertusschriften, als dies bei der Philosophia pauperum der Fall ist.

Pangerl führt als zweiten positiven Beweis für die Echtheit der Philosophia pauperum den Cod. 225 der Innsbrucker Universitätsbibliothek an, in welchen dieselbe unter dem Titel Compendium de negotio naturali Albert d. Gr. zugeschrieben ist. Auf fol. 1r steht: Incipit Compendium fratris Alberti de negotio naturali, während am Schluß (fol. 47r) bemerkt ist: Explicit compendium fratris Alberti de Logingen super naturalia. Deo gratias. Pangerl gibt auch sehr bemerkenswerte Mitteilungen über die Verschiedenheiten zwischen dem gedruckten Text und der besseren Textgestaltung dieses Codex, der von fol. 39v—47r noch interessante in den Druckausgaben fehlende Zusätze enthält. Diese Innsbrucker Handschrift trägt, worauf Fr. Pangerl in dankenswerter Weise aufmerksam macht, die gleiche Aufschrift wie zwei Pariser Handschriften des 14. u. 15. Jahrhunderts, auf die er jedoch nicht weiter eingeht. Die Beweiskraft dieser Handschrift, in welcher Fr. Albertus de Logingen (Lauingen) oder Albert d. Gr. als Verfasser bezeichnet ist, liegt für Fr. Pangerl „weniger in ihrem Alter — er setzt sie ca. 1350 an — als vielmehr in der Form", in der die Isagoge erscheint.

Der letzte der beiden Zusätze, der in dieser Handschrift sich findet, in den Druckausgaben und anderen Handschriften fehlt, „schließt wohl den Gedanken an einen Kompilator aus. Es ist Albert, der eben aus der Fülle seines Wissens schöpfend einen kurzen Abriß der Naturalia für seine Schüler geschrieben hat und an Ort und Stelle mit gleicher Gewandtheit die von einem Schüler vorgelegten Probleme löst. Es liegt nicht der mindeste Grund vor, diesen Zusatz für eine Fälschung zu halten; er empfiehlt sich vielmehr durch die einfache Natürlichkeit der Darstellung." Ich werde auf diesen Zusatz weiter unten im Zusammenhang mit einer Pariser Handschrift zu sprechen kommen. Mir scheint, daß man aus der literarischen Art und Form dieses Zusatzes noch nicht auf Albertus Magnus schließen darf. Aus dem Eindruck, den ich bei der Durchforschung der Schule Alberts d. Gr. von deutschen Dominikanertheologen, gewonnen habe, kann dieser persönliche Zug auch anderen Autoren eigen sein. Johannes Picardi von Lichtenberg, Heinrich von Lübeck u. a. könnten sich ähnlich ausgedrückt haben. Um aus inneren Gründen und Kriterien heraus entscheiden zu können, ob es sich hier um eine Kompilation aus Albert oder um ein Werk desselben selbst handelt, müßte man sich auf Grund der Handschriftenvergleichung erst ein zuverlässiges Textbild herstellen. Bei den Echtheitsfragen scholastischer Werke haben die äußeren Zeugnisse ein viel bedeutenderes Gewicht als innere Argumente. Indessen dürfen wir jedenfalls Pangerl für die neuen Gesichtspunkte, die er zur Lösung der Frage beibringt, dankbar sein!

II. A. Dyroff über die Autorfrage. — Die ältesten Handschriften der Philosophia pauperum.

Viel ausführlicher als Pangerl hat sich A. Dyroff in einer wertvollen Untersuchung über Albert von Sachsen mit der Philosophia pauperum beschäftigt[1]. Wir werden hier mit dem literarischen Charakter dieses Büchleins vertraut gemacht. Naturgemäß wird auch die Frage, wer der Verfasser dieser Schrift

---

[1] A. Dyroff, *Über Albertus von Sachsen*, in: *Festgabe für Cl. Baeumker* (Münster 1913; Supplementband zu *Beitr. z. Gesch. d. Philos. des Mittelalters*) 330—339.

gewesen ist, erörtert. In dankenswerter Weise werden auch ausgiebig handschriftliche Materialien herangezogen oder wird doch auf solche verwiesen. Wie kommt nun Dyroff bei einer Untersuchung über Albert von Sachsen dazu, mit diesen literarhistorischen Problemen sich näher zu beschäftigen?

Eine Münchner Handschrift Clm. 26838 gibt ihm Anlaß, sich mit der Philosophia pauperum zu befassen. Es enthält diese Handschrift nämlich „Extracta" aus Quaestionen Alberts von Sachsen zu aristotelischen Schriften, wobei der Physikkommentar dasselbe Initium hat wie die Philosophia pauperum. Wie erklärt sich die Übereinstimmung der Initien? „Gäbe es für jenes Sammelwerk (d. h. die Philosophia pauperum) Handschriften aus der Zeit vor 1350 oder hätte Paulus von Loë recht mit seiner Bemerkung, daß sie nur ein Auszug aus Schriften des Albertus Magnus sei, so wäre anzunehmen, daß der Pariser Magister (d. h. Albert der Sachse) den Schwaben (d. h. Albertus Magnus) benutzt habe. Doch das erste ist kaum zu beweisen, und das letztere trifft nicht zu. Die mir bis jetzt bekannten Handschriften der Philosophia pauperum werden nur allgemein ins 14. Jahrh. verlegt." Dyroff führt eine Reihe von Handschriften aus dem 14. Jahrh. auf. Bezüglich des zweiten Punktes, d. i. der Behauptung von P. von Loë, daß die Philosophia pauperum ein bloßes Exzerpt aus Albertus Magnus sei, bemerkt Dyroff folgendes: „Niemand, der den großen Schwaben kennt, wird zweifeln, daß die Philosophia pauperum unecht ist... Allein die Philosophia pauperum ist wesentlich mehr als ein bloßes Exzerpt. Der Kompilator hat Charakter." Durch eine Reihe interessanter Belege wird ausführlich dargetan, daß trotz der weitgehenden Herübernahme von Albertusgedanken eine gewisse Selbständigkeit und eine Benutzung anderer Materialien an der Philosophia pauperum wahrnehmbar ist. Wer ist nun nach Dyroff der Bearbeiter der Philosophia pauperum? „An Albertus den Sachsen als Bearbeiter würde, da er in der Logik den Schulbuchmann hervorkehrt und Quaestionen und Einleitungen liebt, gedacht werden können. Und dennoch steht das Machwerk zu tief, als daß ich es, obwohl ich Duhems Bewunderung für den Sachsen nicht vollkommen teile, diesem aufbürden möchte:" Dyroff neigt schließlich zur Annahme, „daß entweder der Kompilator der Philosophia pauperum den Albertus von Sachsen mithereinzog oder derjenige, der den „Extrakt" aus den Quaestionen des Sachsen gestaltete, jenes Buch benutzte."

So anregend Dyroffs Darlegungen auch sind und so vieles Neue sie zur Beleuchtung des literarischen Charakters der Philosophia pauperum bieten, so kann ich der Annahme, daß der Bearbeiter der Philosophia pauperum den Albertus von Sachsen mithereingezogen habe, nicht beipflichten. Es ist vielmehr eher umgekehrt an eine Benutzung der Philosophia pauperum durch Albert von Sachsen zu denken. Es ist nämlich die Philosophia pauperum wesentlich älter als die Aristoteleskommentare des Sachsen. Der Grund hierfür liegt darin, daß sich tatsächlich Handschriften der Philosophia pauperum aus der Zeit vor 1350, ja aus noch früherer Zeit, sogar noch aus dem endigenden 13. Jahrhundert und beginnenden 14. Jahrhundert nachweisen lassen. Ohne auf Vollständigkeit Anspruch erheben zu wollen, seien solche ältere Handschriften erwähnt, wobei wir bei einem Pariser Manuskript etwas verweilen wollen.

Cod. 150 Digby der Bodleiana zu Oxford enthält an erster Stelle die Philosophia pauperum [1]. W. D. Macray teilt diese Handschrift noch dem 13. Jahrhundert zu. Am unteren Rand von fol. 1r steht die Bemerkung: Hanc summam composuit frater Rogerus Bagount, wozu eine andere Hand bemerkt: „secundum quosdam". Deswegen wurde in einem älteren Katalog der Handschriftensammlung der Kenelm Digby fälschlich hier der Titel gebraucht: Summa Rogeri Bacon. Die Autorschaft des Roger Bacon ist selbstverständlich ausgeschlossen. A. G. Little führt die Philosophia pauperum oder Summa philosophiae naturalis unter den unechten Schriften Roger Bacons auf [2]. Es ist von vornherein undenkbar, daß Roger Bacon, der so ungerecht

---

[1] *Catalogi codicum manuscriptorum bibl. Bodleiane A. IX: Codices a viro clarissimo Kenelm Digby anno 1634 donatos complectens.* Confecit W. D. Macray (Oxonii 1883) 150.

[2] A. G. Little, *Roger Bacon Essays etc. Appendix* (Oxford 1914) 376 Anm. u. 417.

und hart über Albert d. Gr. geurteilt hat, in solch weitgehender Weise dessen Schriften exzerpiert hat.

Auf Pariser Handschriften hat ganz im allgemeinen, ohne sie zu benennen, Fr. Pangerl hingewiesen. Wir wollen eine derselben näher betrachten, einmal wegen ihres Alters und dann auch wegen ihrer Ähnlichkeit mit der Innsbrucker Handschrift. Bei Quétif-Echard ist neben Cod. Colbert. 2101 diese Handschrift, welche der alten Sorbonnebibliothek zugehörte und jetzt mit den Codices dieser Bibliothek in der Nationalbibliothek sich findet, aufgeführt und näher gewürdigt. In der Sorbonnebibliothek trug die Handschrift die Nummer 940, in der Nationalbibliothek ist sie Cod. lat. 16222. L. Delisle gibt von der Handschrift die folgende summarische Beschreibung[1]: „Sig. de Cortraco, summa modorum significandi — Mich. de Brabantia, summa modorum significandi (9). — Sig. de Curtraco, Fallatie (20) — Alberti compendium de negotio naturali (22) — Turpinus, de VII artibus (67ᵛ) — (S. Thomas), de sensu communi, etc. (68) — Sigerus, de eternitate mundi (74) — Jo. de Tholeto, de conservanda sanitate (76) — Trotala, de passionibus mulierum (79ᵛ) — XIV s." Der Codex ist aber ganz allgemein und unbestimmt dem 14. Jahrhundert zugeteilt. Indessen ist diese Inhaltsangabe nicht vollständig. Eine ausführliche Beschreibung der Handschrift haben A. Niglis und G. Wallerand in ihren Untersuchungen über Siger von Courtrai gegeben[2]. Niglis ist allerdings sehr zurückhaltend in der Zeitbestimmung der einzelnen Stücke. Bezüglich der uns hier interessierenden Abhandlung gibt er folgende Mitteilung: „6. Fol. 22ʳ A—39ʳ B. Incipit compendium de negocio naturali alberti. Anfang: Philosophia dividitur in tres partes sc. logicam, ethicam et practicam (korrigiert in physicam) Schluß: explicit compendium de negotio naturali fratris alberti. Der Traktat ist in Kapitel eingeteilt und scheint, nach den zahlreichen Randbemerkungen zu

---

[1] L. Delisle, *Inventaire des manuscrits de la Sorbonne* (Paris 1870), 48.

[2] A. Niglis, *Siger von Courtrai. Beiträge zu seiner Würdigung* (Freiburg 1903) 14—18. — G. Wallerand, *Les œuvres de Siger de Courtrai (Étude critique et textes inédits). Les Philosophes Belges*, t. VIII. (Louvain 1913), p. (12)—(13).

schließen, oft zum Studium verwendet worden zu sein." G. Wallerand gibt eine paläographische Bestimmung der Handschrift: „de diverses écritures de la fin du XIIIe siècle et du commencement du XIVe siècle", ohne bei den einzelnen Bestandteilen sich näher mit der zeitlichen Festsetzung zu befassen. Jedenfalls gehört auch die Philosophia pauperum oder, wie hier der Titel genau so wie in der Innsbrucker Handschrift lautet, das Compendium de negotio naturali in diesem Codex wenn nicht dem endigenden 13. Jahrhundert, so doch dem beginnenden 14. Jahrhundert an. Diese zeitliche Bestimmung der Handschrift findet auch dadurch ihre Bestätigung, daß dieser Codex den Vermerk trägt: „Iste liber est pauperum scolarium de Sorbonna ex legato magistri Gerardi de Trajecto." Dieser Magister Gerhard von Utrecht (Maestricht?) ist im Katalog der Mitglieder der Sorbonne eingetragen unter dem Provisorat des Johannes de Vallibus, der 1299 für dieses Amt gewählt wurde und 1315 starb. Nach Hauréau ist Gerardus de Traiecto nach 1320 gestorben [1]. Wir haben es hier also mit einer wenn nicht noch dem 13. Jahrhundert, so doch sicher dem Anfang des 14. Jahrhunderts entstammenden Handschrift der Philosophia pauperum zu tun, die zudem noch dem Frater Albertus zugeschrieben ist.

Haben wir darin nicht einen Beleg dafür zu sehen, daß Albert d. Gr. der wirkliche Autor dieser Schrift ist? Quétif-Echard, welche entschieden für die Autorschaft des großen Albertus eintreten, führen gerade diese Handschrift als wichtiges Beweismoment an [2]. Bei ihnen finde ich auch die einzige entschiedene zeitliche Bestimmung dieses Teiles der Handschrift: saeculi haud dubie XIII. Bei der großen und gründlichen Handschriftenkenntnis der Herausgeber der Scriptores Ordinis Praedicatorum ist diese Zurückverlegung ins 13. Jahrhundert sehr glaubwürdig. Quétif-Echard berufen sich besonders auf die folgende, in den Druckausgaben fehlende Notiz: „Iam finem compendio nostro imposuisse cogitabamus et negotii studio valedixisse et ecce quidam sociorum meorum praedilectus affuit,

---

[1] B. Hauréau, *Notices et extraits de quelques manuscrits latins de la bibliothèque nationale* V, 13—14.

[2] Quétif-Echard, *Scriptores Ordinis Praedicatorum* I 178.

conspectisque negotii titulis in processum colla surripuit in membranam nec finem imponere permisit, prius quam sibi satisfacerem de quaestionibus etc." Es sind hierauf die quaestiones angegeben. Am Schluß steht dann: „Explicit compendium de negotio naturali Fratris Auberti". Quétif-Echard betonen noch, daß für eine Neuausgabe der Philosophia pauperum dieser Codex vom höchsten Wert sei. Es dürfte kein Zweifel sein, daß die Innsbrucker Handschrift 225 die gleiche Form und denselben Text wie diese Sorbonnehandschrift aufweist, wie ja auch der Titel: Compendium de negotio naturali fratris Alberti der nämliche ist. Die soeben angeführte persönliche Bemerkung findet sich ad verbum auch im Innsbrucker Codex. Die schwierigen Fragen, die auf Drängen des vielgeliebten socius noch gelöst werden, drehen sich hauptsächlich um das Zeit- und Raumproblem. Voraus geht ein auch in den Druckausgaben fehlender Zusatz, der sich scharf gegen die Behauptung der Theorie von den gradus formarum wendet: Ex prius positis apparet error ponentium gradus formarum. P. Pangerl teilt hier mit, daß „diese kurze Auseinandersetzung über die unitas formae mit einer scharfen Bemerkung gegen die lateinischen Aristotelesverderber, wie sie Albert geläufig sind, endigt".

Es ergibt sich nun die Frage: Wird durch die Tatsache, daß eine wohl noch dem 13. Jahrh. zugehörige, auch mit dem Namen des Fr. Albertus ausdrücklich gekennzeichnete Vorlage der jüngeren Innsbrucker Handschrift uns gegenübertritt, nicht die These von P. Pangerl, Albert d. Gr. sei der Verfasser der Philosophia pauperum, mit der in solchen Echtheitsfragen überhaupt möglichen Sicherheit als zutreffend erwiesen? Daß ein solcher Schluß keineswegs als voreilig und unbegründet erscheinen dürfte, dafür ist die Stellungnahme von Quétif-Echard eine Gewähr, die gerade auf diese Pariser Handschrift ihre These von der Autorschaft Alberts d. Gr. aufbauen. Niemand wird leichthin diesen beiden Literarhistorikern des Dominikanerordens Mangel an kritischer Umsicht und Vorsicht zuschreiben dürfen. Indessen scheinen mir diese zwei Handschriften, die ältere Pariser und die jüngere mit dieser übereinstimmende Innsbrucker Handschrift, die Autorschaft des Albertus Magnus nicht sicherzustellen und hiemit keine abschließende Lösung der Verfasserfrage zu ermöglichen. Vielleicht würde das Zeugnis der Pariser Handschrift auf mich denselben überzeugenden Eindruck machen, wie einst auf Quétif-Echard, wenn nicht andere Momente, die ich weiter unten entwickeln werde, meine Blickrichtung in dieser Autorfrage anders bestimmen würden .. Bemerkt sei hier zur Pariser Handschrift noch, daß die Philosophia pauperum als „Compendium de negotio naturali fratris Alberti (Auberti)" bezeichnet ist, ohne daß dieser Albertus eindeutig als der „dominus Albertus, quondam episcopus Ratisponensis" bestimmt wäre. Da es im Dominikanerorden im ausgehenden 13. und 14. Jahrhundert noch andere Albertus gab, so ist ja die Möglichkeit nicht ausgeschlossen, daß das Büchlein von einem anderen Albertus aus dem Predigerorden verfaßt und wegen der Namensgleichheit bald als Eigentum des Albertus Magnus bezeichnet wurde. Es wäre dies nur ein Beispiel von den ungezählten Fällen, in denen scholastische Pseudonyma entstanden sind. Finden sich doch auch unter den Opuscula, welche in den Gesamtausgaben der Werke des hl. Thomas diesem zugeeignet sind, solche, welche nunmehr im Lichte kritischer Handschriftenforschung sich als Geisteskinder des Thomas de Sutton oder Thomas Jorze, beide Dominikanertheologen, ausweisen. Die Namensgleichheit und größere Zugkraft des größeren Namens hatten diese Opuscula irrigerweise in den literarischen Nachlaß des Aquinaten geraten lassen. Ich habe diese Pariser Handschrift ebenso wie Cod. Digby 150 zum Beleg dafür aufgeführt, daß uns schon vor 1350, ja schon aus dem Ende des 13. oder doch Beginn des 14. Jahrhunderts Manuskripte der Philosophia pauperum erhalten sind. Es ist damit die Möglichkeit, daß der Kompilator der Philosophia pauperum den Albert von Sachsen benutzt habe, ausgeschlossen. Umgekehrt ist eine Benutzung der Philosophia pauperum durch Albert von Sachsen vom Standpunkt der zeitlichen Aufeinanderfolge sehr wohl verständlich. Die Pariser Handschrift legte uns von selbst die Frage aufs neue vor, ob nicht die These von P. Pangerl von der Autorschaft Alberts d. Gr. unsere volle Zustimmung verdiene.

Eine weitere Handschrift der Philosophia pauperum aus älterer Zeit ist Codex 487 der Stiftsbibliothek von Admont. Die Schriftzüge desselben gehören dem Übergang vom 13. ins 14. Jahrhundert an, der sonstige Inhalt des Codex besteht aus lateinischen Aristotelesübersetzungen und philosophischen Opuscula, die teilweise erst näher zu bestimmen sind. Die inhaltliche Zusammensetzung des Codex erinnert an ähnliche Handschriften an der Wende des 13. zum 14. Jahrhundert. Die Philosophia pauperum beginnt fol. 17^r und trägt die Überschrift: Alberti Philosophia pauperum.

Die Stiftsbibliothek von Klosterneuburg enthält zwei Handschriften der Philosophia pauperum, die auch vor 1350 geschrieben sind. Die ältere, ihrem ganzen Charakter nach in die ersten Zeiten des 14. Jahrhunderts zurückreichende Handschrift ist Cod. 270, sie enthält zu einem guten Teile Werke Alberts d. Gr., so von fol. 1^r—40^r dessen Kommentar zu De anima, von fol. 40^r—42^r dessen Traktat De nutrimento et nutribili, von fol. 56^r bis zum Schluß der ganzen Handschrift Alberts d. Gr. Erklärung zu den Meteorologica. Unmittelbar vor letzterem Werke steht von gleicher Schrift, wie sie alle diese Kommentare Alberts d. Gr. aufweisen, die Philosophia pauperum fol. 47^r—55^r. Auf fol. 47^r beginnt sie mit roter Tinte geschrieben also: „Incipit philosophia domini Alberti cujus primus tractatus est sive prima speculatio de corpore mobili simpliciter secundum se eo quod subiectum naturalis philosophiae est corpus mobile, secundus de caelo, in tertio de elementis, in quarto de elementatis, in quinto de anima. Incipit prologus sequentis operis: Philosophia dividitur in tres partes, in logicam ethicam et physicam sive rationalem moralem naturalem, de quibus aliis duabus omissis de secunda physica sive naturali intendimus" etc. Bemerkt sei auch, daß diese Handschrift noch ein Schlußkapitel hat, das mit den vorhergehenden psychologischen Ausführungen nicht im inneren Zusammenhang steht und auch in anderen Handschriften und in den Druckausgaben fehlt. Der gewöhnliche Abschluß des Werkchens lautet nämlich: est enim liberum arbitrium facultas rationis et voluntatis qua bonum eligitur gratia assistente et malum fugitur gratia deserente per infinita saecula saeculorum.

Das zweite nandschriftliche Exemplar, das von der Philosophia pauperum die Klosterneuburger Stiftsbibliothek uns aufbewahrt, befindet sich in dem von verschiedenen Händen geschriebenen Miszellenkodex 749. Doch ist auch hier das Werkchen von einer Hand, die noch der ersten Hälfte des 14. Jahrhunderts angehört, geschrieben. Voraus steht der Kommentar des Johannes von Janduno zur Rhetorik. Die Philosophia pauperum reicht von fol. 60^r—147^r, sie ist von Haus aus hier anonym. Denn die Aufschrift am oberen Rand von fol. 60^r: Alberti philosophia ist aus verhältnismäßig neuerer Zeit. Charakteristisch an dieser Handschrift ist die Tatsache, daß das 4. und 5. Buch mit einem ausführlichen Kommentar versehen sind. Zuerst ist bei diesen beiden Büchern jeweils in größerer Schrift ein Stück des Textes geboten, an den sich in kleinerer Schrift der Kommentar anschließt. Ich konnte im Kommentar selbst keine Bemerkung über den Verfasser der Philosophia pauperum oder dieses Kommentars wahrnehmen.

Eine der ersten Hälfte des 14. Jahrhunderts angehörende Handschrift stellt das Bruchstück der Philosophia pauperum im Cod. F 16 s. XIII/XIV fol. 65^r—76^v der Amplonianischen Handschriftensammlung in der Stadtbibliothek zu Erfurt. Die ganze Handschrift weist in ihrer Zusammenstellung auf die Wende des 13. und 14. Jahrhunderts oder doch auf die ersten Jahrzehnte des 14. Jahrhunderts hin. Die Philosophia pauperum ist hier mit den lateinischen Übersetzungen der pseudo-aristotelischen Problemata und Physiognomonica, mit Werken von Averroes, Thomas von Aquin, Aegidius von Rom usw. verbunden [1].

Schließlich sei noch eine Handschrift der Philosophia pauperum aus der an wertvollen scholastischen Handschriften so

---

[1] Vgl. W. Schum, *Beschreibendes Verzeichnis der Amplonianischen Handschriftensammlung* (Berlin 1887) 13 f. Der ersten Hälfte des 14. Jahrh. wird auch das Fragment der Philosophia pauperum im Cod. Class. XII. n. 8 fol. 60^r—73^r der Biblioteca Marciana zu Venedig angehören: Fratris·Alberti de ordine praedicatorum, tractatus de universitate. Das Initium bezeugt, daß es sich hier um die Philosophia pauperum handelt. Vgl. J. Valentinelli, *Bibliotheca manuscripta ad S. Marcum Venetiarum* IV (Venetiis 1871) 10·

reichen Stadtbibliothek von Brügge, der dortige Cod. 485 vorgeführt. Im Katalog von P. J. Laude[1] ist dieser Codex zeitlich mit XIIIe et XIVe siècles bestimmt. Ich habe mir bei der Einsichtnahme dieser Handschrift gelegentlich meines letzten Aufenthaltes in Brügge (an Ostern 1914) s. XIII notiert. Jedenfalls wird diese Handschrift, wenn nicht noch in das 13., so doch in das allerfrüheste 14. Jahrh. fallen. Das erste Stück dieser Handschrift, die nicht paginiert bzw. foliiert ist, ist der Kommentar Alberts d. Gr. zu De anima (anonym), hieran reiht sich „liber mineralium Alberti". Das darauf folgende Stück ist eben die Philosophia pauperum: Incipit philosophia pauperum. Am Schluß lesen wir: Explicit liber de naturalibus. Das nächste Stück ist der „tractatus de forma in speculo resultante, editus a fratre Alberto" Den Rest der Handschrift füllen die apokryphen Briefe Senecas an Paulus aus. Die Philosophia pauperum ist hier anonym, sie steht wohl mitten unter Schriften Alberts d. Gr. Damit ist jedoch kein Beweis für die Autorschaft Alberts zu erbringen, da ja dieser äußere Zusammenhang mit echten Albertusschriften genügend durch inhaltliche Abhängigkeitsverhältnisse motiviert ist. Ein Werk, das mehr oder minder die Naturphilosophie Alberts exzerpiert und zusammenfaßt, wird naturgemäß in den Handschriften in Gemeinschaft mit den Werken Alberts selbst auftreten.

III. Quétif-Echard gegen Albert von Orlamünde als Verfasser der Philosophia pauperum.

Wie uns bereits bekannt ist, entscheiden sich Quétif-Echard in ihren eingehenden und äußerst wertvollen Untersuchungen über das Schrifttum Alberts des Großen für die Echtheit der Philosophia pauperum[2]. Sie berufen sich hiefür auf Laurentius Pignon und Ludwig von Valladolid. Der letztere und jüngere schreibt von Albert: Item scripsit parvam summam philosophiae, quae incipit: Philosophia dividitur etc. Laurentius Pignon († 1449) schreibt Albert eine Introductio in libros naturales zu,

---

[1] P. J. Laude, *Catalogue des manuscrits de la bibliothèque publique de Bruges* (Bruges 1859) 420 ff.

[2] Quétif-Echard, *Scriptores Ordinis Praedicatorum* I 178.

also ähnlich wie der Stamser Katalog. Quétif-Echard halten dafür, daß die Summa philosophiae, die bei Ludwig von Valladolid unzweideutig als unsere Philosophia pauperum durch das Initium bestimmt ist, ein und dasselbe Werk wie die Introductio in libros naturales bei Laurentius Pignon sei. Eine Begründung geben sie für diese Identifizierung nicht. Es sei hier darauf hingewiesen, daß Denifle die Angaben des Laurentius Pignon, der nach älteren Vorlagen gearbeitet hat, ungleich höher wertet als das Verzeichnis des Ludwig von Valladolid[1]. Daß die Identität der Philosophia pauperum mit der Introductio in libros naturales nicht spruchreif und ohne weiteres einleuchtend sei, ist durch unseren früheren handschriftlichen Nachweis einer stattlichen Zahl von parallelen unter Alberts Namen gehenden Traktaten zur Genüge erwiesen. Es ist uns auch bekannt, daß Quétif-Echard ihre These von der Autorschaft Alberts d. Gr. auf alte handschriftliche Zuteilungen der Philosophia pauperum an Albertus, besonders auf das Zeugnis des jetzigen Cod. lat. 16 222 der Pariser Nationalbibliothek stützen.

Quétif-Echard kommen noch an einer zweiten Stelle ihres monumentalen Werkes auf die Summa pauperum zu sprechen und zwar unter dem Stichwort Fr. Albertus de Orlamide[2]. Ihr Bericht ist folgender. Ein Fr. Albertus de Orlamide, über dessen Lebenszeit und Heimat gar nichts bekannt ist, wird als Verfasser der Philosophia pauperum bezeichnet. Und zwar führt sich diese Mitteilung und Bezeichnung zurück auf den Bibliographen Claudius Donesmieulx aus Lille, der in einer Publikation über belgische Handschriften bemerkt hat, er habe in mehreren Bibliotheken Belgiens die Philosophia pauperum unter dem Namen des Albertus de Orlamide gesehen. Quétif-Echard scheinen die Arbeit dieses Claudius Donesmieulx nicht selbst eingesehen zu haben, sie berufen sich aber auf Sanderus, der in seinem Elenchus codd. mss. Belg. P. 1 n. 254 dieses Claudius gedenkt und ebenso auf den Dominikaner Ghilbertus de la Haye

---

[1] H. Denifle, *Quellen zur Gelehrtengeschichte des Predigerordens im 13. und 14. Jahrhundert*, in: *Archiv für Litteratur und Kirchengeschichte des Mittelalters* II (1886) 195 ff.

[2] Quétif-Echard, a. a. O. 464/465.

aus Lille, der das genannte Werk des Claudius Donesmieulx selbst gesehen hat. Außerdem nennen Quétif-Echard noch einen dritten Zeugen Alva, der gleichfalls des Claudius Donesmieulx mit dem Hinweis auf Albert von Orlamide Erwähnung tut. Dieser von Quétif-Echard hier und oft auch anderwärts angeführte Alva ist der Franziskaner Petrus de Alva y Astorga († 1667)[1]. Derselbe hat in seinen umfangreichen Publikationen zur Geschichte seines Ordens und zur Verteidigung der Lehre von der unbefleckten Empfängnis Mariae eine Fülle literarhistorischer Notizen, die auch auf ausgedehnte handschriftliche Studien schließen lassen, aufgespeichert. Von seinen voluminösen Werken seien genannt Sol veritatis etc. (Madriti 1660) und Radii solis coeli etc. (Lovanii 1663), zwei Folianten zur Verteidigung der Unbefleckten Empfängnis Mariae, Nodus indissolubilis de Conceptu mentis et Conceptu ventris (Bruxellis 1661), Naturae prodigium et gratiae portentum (Matriti 1652), ein an den Liber conformitatum vitae b. Francisci des Bartolommeo Albizzi gemahnendes Werk über Franz von Assisi. Leider sind seine für die scholastische Literaturgeschichte noch nicht ausgenützten, wie gesagt auf weitausgreifenden handschriftlichen Forschungen beruhenden Werke sehr selten geworden und auch in den großen Bibliotheken Deutschlands und Österreichs nicht zu finden. Alva y Astorga ergeht sich in seinen großen Werken über die Unbefleckte Empfängnis in einer ungemessenen Polemik gegen den Dominikanerorden, gegen Thomas von Aquin und die Thomisten. In dem Werke Nodus indissolubilis usw. (p. 41) kommt, wie Quétif-Echard berichten, Alva y Astorga auch auf die Notiz des Claudius Donesmieulx über Albertus de Orlamide und benützt dies zu einem scharfen Ausfall gegen den Dominikanerorden. Die Literaturhistoriker

---

[1] Vgl. über ihn den Artikel von P. Grammer, in: *Wetzer-Welte Kirchenlexikon* II[2], 663 f. und H. Hurter, *Nomenclator litterarius theologiae catholicae* IV[3] (Oeniponte 1910) 13. Ein Nachsehen in dem hier in Betracht kommenden Werke des Alva y Astorga war mir nicht möglich, da die Exemplare seiner Werke recht selten sind. Zerstreut finden sich einzelne dieser Folianten in der Hof- und Staatsbibliothek in München, in den Franziskanerbibliotheken zu Wien und Fulda, darunter befindet sich jedoch nicht der Nodus indissolubilis. Diese Mitteilungen verdanke ich der Güte von P. Michael Bihl O. F. M.

dieses Ordens hätten, meint er, mit Absicht diesen Albertus de Orlamide totgeschwiegen und die Philosophia pauperum, dessen geistiges Eigentum auch den Werken Alberts d. Gr. eingereiht, um so die Lyoner Ausgabe der Werke Alberts d. Gr. noch mehr anschwellen zu lassen und aus dem Albertus Magnus auch noch einen Albertus Solus zu machen. Quétif-Echard erwidern hierauf, diese Behauptung des Alva y Astorga sei eine Geistesverirrung, in der dieser sich gefallen konnte, den Dominikanern sei ein solch wahnwitziges Verfahren nie und nimmer zuzumuten. Nach dieser etwas heftigen Auseinandersetzung gehen Quétif-Echard auf die Sache selber ein und lehnen die Beweiskraft der Notiz des Claudius Donesmieulx ab. Es mag sein, daß es irgend einen ganz und gar unbekannten nicht nachweisbaren Dominikaner namens Orlamide gegeben habe, darauf lassen sie sich nicht weiter ein, sondern stellen nur folgende Fragen: Wenn Claudius Donesmieulx wirklich eine Handschrift der Philosophia pauperum mit dem Namen des Albertus de Orlamide in belgischen Bibliotheken gesehen hat, warum hat er denn diese Bibliotheken nicht genannt? Warum hat weiterhin Sanderus in seinem Elenchus belgischer Handschriftenbestände keinen solchen auf den Namen des Albertus de Orlamide lautenden Codex namhaft gemacht? Hierauf entwickeln Quétif-Echard noch positive Gründe für die Autorschaft Alberts d. Gr., wobei sie teilweise das früher Gesagte wiederholen. Am Schluß kommen sie nochmals auf Orlamide zurück und fassen ihr Urteil zusammen: Dieser Orlamide, der den älteren Bibliographen des Ordens gänzlich unbekannt ist, dürfte, wenn er nicht der Verfasser einer anderen Philosophia pauperum ist, mit Albertus Magnus ein und dieselbe Persönlichkeit sein.

Man wird dem Schlußurteil und auch der Art und Weise, wie die sonst so vorsichtig abwägenden Verfasser der Scriptores Ordinis Praedicatorum mit der Angabe des Claudius Donesmieulx sich zurechtfinden, seine Zustimmung nicht geben können. Wenn Claudius Donesmieulx mitteilt, er habe in belgischen Bibliotheken Handschriften der Philosophia pauperum mit dem Namen des Fr. Albertus de Orlamide gesehen, so läßt sich doch diese ganz positive Angabe nicht ohne weiteres damit erledigen, daß man sie für bedeutungslos erachtet, weil die Handschriften nicht selbst namhaft gemacht sind. Anton Sander (Sanderus), der mit Recht geschätzte Verfasser der Bibliotheca Belgica manuscripta, hat die Notiz des Claudius Donesmieulx keineswegs für so belanglos angesehen. Freilich würde deren Beweiskraft viel mehr in die Augen springen, wenn beide, Claudius Donesmieulx und Sanderus die Codices namhaft gemacht hätten. Man kann bei Quétif-Echard zwischen den Zeilen herauslesen, daß sie ganz anders urteilen würden, wenn sie eine Handschrift mit dem Namen des Albertus de Orlamide vor Augen gehabt hätten. Aber sie hätten doch bedenken müssen, daß Claudius Donesmieulx diese ganz positive Angabe nicht leichtfertig erfunden und aus der Luft gegriffen hat. Wie konnte er denn auf den sonst ganz unbekannten Namen: Albertus de Orlamide kommen, wenn er ihn nicht wirklich in den Handschriften gelesen hätte? Daß er die Handschriften nicht angegeben hat, mag eine literarische Nachlässigkeit sein, aber es berechtigt uns nicht, sein Zeugnis als nicht bestehend zu ignorieren. Die Erfahrungen, die man bei Fragen der Echtheitskritik auf scholastischem Gebiet macht, sprechen entschieden dafür, daß derartige positive Angaben Beachtung und Glauben verdienen. Daß Quétif-Echard gegen die Unterstellung des streitbaren und dominikanerfeindlichen Alva y Astorga Front gemacht haben, ist verständlich und berechtigt. Aber es scheint fast, daß die Erregung hierüber dem sachlichen Gang ihrer Beweisführung etwas Eintrag getan habe. Die Schlußbemerkung, dieser ganz und gar unbekannte Albertus de Orlamide sei entweder Verfasser einer anderen Philosophia pauperum oder aber mit Albertus Magnus identisch, entbehrt doch ganz der entsprechenden Stütze und Motivierung. Für die Zuteilung einer anderen Philosophia pauperum an den ganz unbekannten Orlamide fehlt jeder geschichtliche Anhaltspunkt, zumal Quétif-Echard nirgends von einer anderen Philosophia pauperum zu berichten wissen. Übrigens wird Claudius Donesmieulx, dessen Zeugnis in diesem Schlußurteil von Quétif-Echard noch etwas nachzittert, unsere Philosophia pauperum ganz wohl von einem anderen parallelen Werk haben unterscheiden können. Ein Autor, der über eine

Handschriftensammlung schreibt, wird ein durch das Initium und die ganze Struktur so leicht kennbares und zumal so häufig vorkommendes Werk wie die Philosophia pauperum doch feststellen können. Vollends unverständlich ist, wie Albertus de Orlamide mit Albertus Magnus identisch sein kann. Wie kann Albert d. Gr., der in Lauingen an der Donau geboren ist und wegen seines vorzugsweisen Verweilens in Köln in den Handschriften öfters Albertus de Colonia heißt, wie kann Albert d. Gr. nach der thüringischen Stadt Orlamünde (das ist Orlamide) benannt werden? Es war in Orlamünde nie ein Dominikanerkloster, so daß Albert in gar keiner Beziehung zu diesem Ort gestanden ist. Die Gleichung Albertus Magnus = Albertus de Orlamünde wäre selbst dann noch nicht leicht vollziehbar, wenn die Geographie, welche A. Borgnet in seinem Lebensabriß Alberts d. Gr. an der Spitze seiner Gesamtausgabe der Opera Alberti entwickelt, zurecht bestünde: „Urbs est Thuringiae clara, Lavinga Latinis, Laugingen vernacule dicta, ad Danubii ripam sita."

Es tut mir leid, Quétif-Echard, denen ich für meine Arbeiten fort und fort so viel zu verdanken habe, hier in dieser Weise entgegentreten zu müssen.

Meines Wissens ist die Darlegung von Quétif-Echard über Fr. Albertus de Orlamide bei späteren Behandlungen der Autorfrage der Philosophia pauperum nicht weiter beachtet worden. Quétif-Echard verweisen eben im Abschnitt über Albertus Magnus, wo sie über die Echtheit der Philosophia pauperum sich aussprechen, in keiner Weise auf Albertus de Orlamide, den sie erst später in den Bereich ihrer Untersuchung ziehen. So finden wir auch neuestens bei Pangerl und Dyroff Albertus von Orlamünde nicht erwähnt.

Nur P. v. Loë greift in seiner sehr dankenswerten Zusammenstellung der Dominikanerschriftsteller aus der Provinz Saxonia auf die Ausführungen von Quétif-Echard über Albert von Orlamünde zurück [1]. Er bemerkt nämlich zu Albert von

---

[1] P. v. Loë, *Statistisches über die Ordensprovinz Saxonia (Quellen und Forschungen zur Geschichte des Dominikanerordens in Deutschland 4)* (Leipzig 1910) 29.

Erfurt, der im Stamser Katalog erwähnt wird: „Er ist wohl identisch mit jenem Albert von Orlamünde (SS OP I, 405), dem Quétif die sogenannte Philosophia pauperum (Inc. Philosophia dividitur in tres partes etc.) zuschreibt, die sicher nicht dem Albertus Magnus gehört." Wie wir indessen sahen, schreiben Quétif-Echard die Philosophia pauperum nicht dem Albert von Orlamünde, sondern Albert d. Gr. zu, sie berichten nur, daß von anderen die Philosophia pauperum einem Fr. Albertus de Orlamide zugeschrieben wurde. Sie selber lehnen diese Zuteilung ganz entschieden ab. Im Stamser Katalog wird unter den Schriften des Fr. Albertus Erfordiensis die Philosophia pauperum nicht aufgezählt, es werden ihm hier nur Kommentare „super Porphyrium, super predicamenta, super peryermenias, super VI principia" zugeeignet. Mir scheint, daß Albert von Orlamünde als historische Persönlichkeit und als Verfasser der Philosophia pauperum keineswegs aufzugeben oder ernsthaft anzuzweifeln ist, wenn er sich auch mit keinem der im Stamser Katalog aufgezählten Dominikanerschriftsteller identifizieren läßt. Der Verfasser der Philosophia pauperum fällt wohl in die Zeitgrenze des Stamser Verzeichnisses, da die handschriftliche Überlieferung dieser Schrift schon in das endigende 13. und beginnende 14. Jahrhundert zurückweist. Aber es wird sich nicht nachweisen lassen, daß der Stamser Katalog absolut vollständig ist. Nur unter dieser Voraussetzung würde Albert von Orlamünde als Dominikanerschriftsteller und als Verfasser der Philosophia pauperum angezweifelt werden müssen. Daß der Stamser Katalog nicht vollständig ist, läßt sich leicht nachweisen. Um auf ein paar Lücken aufmerksam zu machen, so vermissen wir in demselben die angesehene Persönlichkeit des Raymund Martini, der 1278 seinen Pugio fidei abschloß und dem wir auch eine Explanatio symboli Apostolorum verdanken, wir finden weiterhin auch Ramberto dei Primadizzi, den Verfasser eines „Apologeticum veritatis super Corruptorium", „der reifsten und gehaltvollsten"[1] literarischen Vertretung des Aquinaten

---

[1] Fr. Ehrle, *Der Kampf um die Lehre des hl. Thomas von Aquin in den ersten fünfzig Jahren nach seinem Tode*, in: Zeitschr. f. kath. Theol. 37 (1913) 297.

gegen Wilhelm de la Mare nicht verzeichnet, auch den deutschen Dominikaner Sibito, von dem die Wiener Hofbibliothek Sermones aufbewahrt, suchen wir vergeblich.

Die ältesten Kataloge von scholastischen Schriftstellern und Werken, von denen der Stamser Katalog eines der wertvollsten und zuverlässigsten Beispiele ist, müssen, so gewichtig und in vielen Stücken entscheidend ihre Stimme auch ist, doch im Zusammenhang und Zusammenhalt mit der handschriftlichen Überlieferung der scholastischen Schriften selber gewertet und verwertet werden. Wir haben die handschriftliche Überlieferung von parallelen Schriften zur philosophia pauperum und auch die Codices der philosophia pauperum selbst vor 1350 schon betrachtet und gewürdigt, ohne indessen in der Autorfrage zu einem abschließenden Ergebnis zu gelangen. Es erübrigt noch, auf die Bearbeitungen und Erklärungen zur Philosophia pauperum, wie sie in zahlreichen bisher noch nicht erforschten Handschriften vorliegen, näher einzugehen. Wir können dadurch auch einen Einblick in das Weiterwirken und Weiterleben der Philosophia pauperum an den deutschen Universitäten und besonders Stadtschulen des ausgehenden Mittelalters gewinnen und uns der Hoffnung hingeben, auch in der Autorfrage den gewünschten Aufschluß zu finden. Zuerst soll der weitverbreitete und selbst wieder vielkommentierte Parvulus philosophiae naturalis, eine verkürzende Bearbeitung der Philosophia pauperum zur Erörterung kommen, alsdann werden die Kommentare zur Philosophia pauperum in ihren Haupttypen gewürdigt.

IV. Der „Parvulus philosophiae naturalis" des Petrus von Dresden.

In vielen Handschriften ist mit der Philosophia pauperum ein kürzerer naturphilosophischer Traktat verbunden, dessen Initium lautet: Natura est principium et causa movendi et quiescendi eius in quo et primum per se et non per accidens. Die Schlußworte dieses Traktates sind: Deo autem nihil est simplicius. Es wird in dieser Schrift in kürzester Form über: materia, die vier aristotelischen causae, motus, quies, infinitum, locus, tempus, elementum, generatio, alteratio, mixtio, anima, potentiae anime, zuletzt über den intellectus gehandelt; wir haben es also mit einem succus aus den aristotelischen Schriften der Physik, De generatione et corruptione und De anima zu tun. In den Handschriften wird diese Abhandlung gewöhnlich: „Parvulus philosophie naturalis" betitelt. Dieses Werkchen, das sehr verbreitet war, ist auch zweimal gedruckt worden: einmal in der Ausgabe von Magnus Hundt unter dem Titel: Introductorium in universalem Aristotelis physicum vulgariter parvulus philosophie naturalis (Leipzig, bei Wolfgang Stechel aus München 1500), sodann in der Ausgabe von Gregor Breitkopf von Konitz unter dem Titel: Textus parvulus philosophie naturalis (Leipzig, Jakob Thauner 1509). Bekanntlich hat unter dem gleichen Titel später der Augustiner Bartholomäus Arnoldi von Usingen († 1532) eine Epitome der aristotelischen Naturphilosophie drucken lassen, die natürlich von unserem Parvulus philosophie naturalis verschieden ist [1].

Dieser Parvulus philosophie naturalis ist in den Handschriften regelmäßig mit Kommentaren versehen. Ohne auf Vollständigkeit Anspruch erheben zu wollen, seien solche Handschriften aufgeführt. In der K. Bibliothek zu Berlin findet sich diese Schrift mit Kommentar in mehreren Codices. Cod. Elect. 913 (lat. qu. 17) s. XV enthält zuerst die Philosophia pauperum mit einer Erklärung, mit fol. 201ʳ beginnt der Parvulus philosophiae naturalis mit einem Kommentar, dessen Initium lautet: „Circa initium praesentis tractatuli videndum est, quid sit philosophia naturalis unde ille terminus philosophia capitur." Der Parvulus wie auch Kommentar sind hier unvollständig, auf fol. 218ʳ beginnt das Werkchen wieder und zwar mit einem neuen Kommentar mit folgendem Initium: „Iste tractatus cuius est ens mobile subiectum in tres dividitur partes, quarum partium prima correspondet libris phisicorum." Parvulus wie Kommentar sind, wie wir aus dem Kolophon entnehmen, 1433 geschrieben. Daran schließt sich endlich noch der Anfang eines

---

[1] *Parvulus philosophie naturalis. Figuralis interpretatio in Epitoma philosophie naturalis in laudatissimo Erfurdiensi gymnasio* per Bartholomeum de Usingen liberalium studiorum interpretem concinnata (Basilee) 1511.

neuen Kommentars, der mit dem ersten identisch ist, wie aus dem Initium erhellt: „Circa initium huius tractatuli videndum est, quid sit philosophia unde hoc nomen philosophia capitur." — Cod. Elect. 915 (theol. qu. 289) s. XV enthält wiederum an erster Stelle die Philosophia pauperum, hieran reiht sich fol. 99^r der Parvulus philosophiae naturalis mit einem Kommentar, der durch sein Initium sich als von den vorher genannten verschieden erweist: „Natura et principium. Iste tractatus qui communiter intitulatur tractatulus philosophiae naturalis dividitur principalissima divisione in duas partes." — Cod. Elect. 976 (qu. 71) s. XV der gleichen Bibliothek umfaßt auch an erster Stelle die Philosophia pauperum mit einer Glosse, auf fol. 130^r beginnt dann der Parvulus philosophiae naturalis mit einer ausführlichen Glosse, welche folgendes Initium aufweist: „Circa initium huius primo queritur, quid sit philosophia secundo quare philosophia sit studenda." Auch die Universitätsbibliothek zu Leipzig bietet im Cod. 1084 s. XV fol. 133^v—173^v den Parvulus philosophiae naturalis mit einem Kommentar, der so beginnt: „Ex quo tractatus praesens, cuius naturam investigare extendimus, introductorius est in physicam naturalem in libris Aristotelis traditum." Unmittelbar darauf folgt ein Fragment der Philosophia pauperum mit Kommentar. In der herzoglichen Bibliothek zu Wolfenbüttel bietet uns Cod. 1008 fol. 1^v—42^r den Parvulus philosophie mit einem Kommentar, der beginnt: „Iste liber Parvulus philosophie intitulatus." Am Schluß ist hier auch der Verfasser des Kommentars angegeben: „Finivi librum scripsi sine manibus ipsum, in ieiunio, feria 4.^{a} post Letare, per me Johannem Brunswick, in Hildensem tunc temporis visitans (?) a Vincentio collectum." Verfasser dieses Kommentars ist also ein Vinzenz. Wer dieser Vinzenz war, darüber erhalten wir im Kolophon eines Kommentars zur Philosophia pauperum, der in der gleichen Handschrift (fol. 61^r—227^v) sich befindet, Aufschluß. Auf fol. 227^v, wo die Philosophia pauperum nebst Kommentar schließt, lesen wir: „Explicit commentum super 5^m librum Alberti. Et per consequens terminatur totus Albertus in omnibus suis libris philosophie naturalis cum commento. Collecta per me Johannem Scorcop in Tangermundis a venerabili rectore scole prefate civitatis Vincentio Varnholte, baccalaureo artium necnon magistrando Rostockcensi, anno incarnationis Domini 1457, pro quo Deus gloriosus sit benedictus in saecula saeculorum. Amen." Ergänzt wird diese Bemerkung noch durch ein weiteres Bestandstück dieser Handschrift: Disputatorum vel exercitii de anima auctore Vincentio Varnholte de Spandow (fol. 231^r—380^r). Am Schluß steht hier der Vermerk: „Et sic habetur finis huius exercitii collectum (sic!) a Johanne Brunswick, lectum (sic!) in Tangermundis, ubi tunc temporis Vincentius Varnholte rector erat scolarum." Verfasser dieses Kommentars ist also Vinzenz Varnholte von Spandau, baccalaureus artium, der 1457 Rektor der Stadtschule in Tangermünde war.

Auch die Wiener Hofbibliothek besitzt mehrere Exemplare des Parvulus philosophiae naturalis, der in diesen Handschriften regelmäßig der Philosophia pauperum entweder vorausgeht oder nachfolgt. In den Codd. lat. 5178 s. XV (fol. 129^r—160^r) und 5185 s. XV (fol. 3^r—27^v) ist der Parvulus philosophiae naturalis als: Introductorium philosophie naturalis betitelt. Cod. lat. 5242 s. XV der Wiener Hofbibliothek umfaßt von fol. 5^r—46^v den Parvulus philosophiae naturalis mit Kommentar, dann bis 107^v die aristotelischen Schriften De sensu et sensato, De memoria et reminiscentia, De sompno et vigilia, schließlich von fol. 108^r an die Philosophia pauperum gleichfalls mit einem Kommentar, auf den wir an einer anderen Stelle dieser Abhandlung zu sprechen kommen. Dem Kommentar nun zum Parvulus philosophiae naturalis ist ein Prolog vorausgeschickt, der also anhebt: „Circa initium tractatuli philosophiae primo videndum est quid sit philosophia in generali et unde dicatur et quid sit philosophus, secundo quid sit philosophia naturalis et unde capiat originem et quare sit studenda, tertio videndum est de causis huius tractatuli et principaliter de materiali. Meine Hoffnung, bei der Erörterung der causa efficiens den Verfasser des Parvulus philosophiae naturalis kennen zu lernen, wurde nicht enttäuscht. Auf fol. 5^v lese ich: „causa efficiens secundum aliquos fuit magister Petrus Gerticz quondam rector scolarum in Dresden." Das Initium des an den Prologus sich anschließenden

Kommentars lautet: „Natura et principium. Iste liber de cuius subiecto superius dictum est principaliter dividitur in tres partes, tractatus primus correspondet libro physicorum, secundus correspondet libro de generatione et corruptione, tertius autem correspondet libro de anima." Auf fol. 46^v steht: Explicit collecta super parvulum philosophiae per manum (der Name fehlt). Eine gute Bestätigung und Ergänzung zu dieser Wiener Handschrift gibt uns eine Münchener Handschrift Clm. 18917 (s. XIV), welche pag. 145—156 den Text des Parvulus philosophiae naturalis ohne Kommentar bringt. Am Schluß ist die wertvolle Bemerkung angebracht: „Explicit tractatulus parvus et utilis translatus per magistrum Petrum de Dresden ex summulis Alberti." In der gleichen Handschrift ist auch (von pag. 208 an) die Philosophia pauperum untergebracht. Aus dieser Notiz im Zusammenhalt mit der soeben angegebenen Bemerkung über die causa efficiens dieses Traktates ergibt sich folgendes Resultat: Verfasser des Parvulus philosophiae naturalis ist ein Magister Petrus von Dresden, ehemaliger Rektor der Stadtschule in Dresden, in der Wiener Handschrift mit dem Zunamen Petrus Gerticz von Dresden bestimmt. Die Münchner Handschrift bringt auch das Verhältnis des Parvulus philosophiae naturalis zur Philosophia pauperum zum Ausdruck, indem sie von ihm als einem: „tractatulus...translatus...ex summulis Alberti" redet. Der Parvulus philosophiae naturalis ist ein Epitome, ein Exzerpt aus den „summulae Alberti", d. h. eben aus der Philosophia pauperum. Wir haben es also nicht mit einem selbständig und unabhängig von der Philosophia pauperum entstandenen Abriß der Naturphilosophie, sondern mit einem Ableger der letzteren zu tun. Wir verstehen jetzt auch die durchgängig in der handschriftlichen Überlieferung wahrnehmbare Verbindung des Parvulus mit der Philosophia pauperum.

V. Kommentare zur Philosophia pauperum von Vinzenz Varnholte von Spandau, Eberhard Locatus u. a.

Cod. Elect. 969 (theol. qu. 38 s. XV) der K. Bibliothek zu Berlin enthält fol. 2^r—108^r die Philosophia pauperum und anschließend daran (fol. 109^r—206^v) eine Expositio zur Summa naturalium, wie hier die Philosophia pauperum die so gebräuchliche Bezeichnung trägt. Diesem Kommentar ist eine Vorrede vorangestellt, von der das Initium und die auf den Verfasser Bezug nehmende Textstelle hier wiedergegeben seien. Das Initium bildet ein Zitat aus Hugo von St. Viktor: „Hugo in didascalicon sic scribit: summum in vita solatium est studium sapientiae et philosophiae." Über die Entstehung und den Verfasser der Philosophia pauperum wird in der Vorrede ausgegeführt: „Sed quia philosophia est nimis prolixe et obscure tradita ab Aristotele in libris suis propter modum loquendi Graecorum ideo Albertus hoc perpendens et videns multitudinem scolarium se negligere in scientia totius philosophiae naturalis totam summam philosophiae naturalis in unam summam redegit et praedictum librum tamquam librum introductorium ad totam philosophiam Aristotelis nominavit ... Sed causa efficiens fuit venerabilis dominus Albertus magnus episcopus ratisponensis professor sacrae theologiae et pater de ordine praedicatorum." Der Verfasser dieses Kommentars sieht also in Albert d. Gr. den Verfasser der Philosophia pauperum. Es ist dies eine Stimme aus dem 15. Jahrhundert, wie wir aus der Schlußbemerkung (fol. 202ᵛ) entnehmen: „Ac sic est finis dictorum venerabilis domini Alberti Magni collecta (sic!) Stargadiae a magistro septem artium liberalium. Anno Domini 1428 feria 6ᵃ post festum undecim milia virginum" usw. Der Name des Autors dieser Kommentare ist nicht angegeben. Beachtenswert ist die Tatsache, daß diese Erklärung zur Philosophia pauperum in Stargard, also nicht innerhalb der Artistenfakultät einer Universität entstanden ist. Es hat offenbar ein Magister artium, also ein an einer Universität graduierter Professor, an der Stadtschule zu Stargard die Philosophia pauperum zum Gegenstand seiner Vorlesungen gemacht.

Cod. Elect. 989 (q. 94. s. XV) der gleichen Bibliothek bietet einen Kommentar lediglich zum 4. Buch (fol. 10ʳ—79ʳ) mit dem Initium: „Circa initium tractatus quaeritur utrum corpus mobile ad formam mixti imperfecti sit subiectum huius tractatus." Solche Teilkommentare zur Philosophia pauperum, die das 4. Buch allein oder das 4. und 5. Buch zusammen erläutern, begegnen uns auch sonst in Handschriften. Eine Erklärung zum 4. und 5. Buch ist uns schon aus Cod. 270 zu Klosterneuburg bekannt, eine Auslegung zum 4. Buch allein wird sich uns in einem wichtigen Münchener Kodex zeigen. Ein Kommentar zur ganzen Philosophia pauperum ist uns im Cod. Elect. 913 (qu. 17 s. XV) erhalten, deren Initium (fol. 243 ʳ) lautet: „Quoniam secundum dictum philosophi in primo physicorum tunc opinamur scire unumquodque cum causas eius primas cognoscimus." Als causa efficiens ist „quidam praedicator nomine Albertus" bezeichnet.

Auch die Amplonianische Handschriftensammlung der Stadtbibliothek zu Erfurt enthält mehrere Kommentare zur Philosophia pauperum. Cod. Q. 300 aus der ersten Hälfte des 15. Jahrhunderts schließt (fol. 1ʳ—89ʳ) einen Kommentar in Quaestionenform in sich, dessen Initium so lautet: „Quaeritur primo circa summulam naturalium, utrum de rebus naturalibus sit scientia." Wir haben hier einen Beleg dafür, daß ähnlich, wie dies bei den Erklärungen zu den Sentenzen des Petrus Lombardus und zu den aristotelischen Schriften der Fall war, auch auf die Philosophia pauperum die Literaturform der Quaestiones Anwendung gefunden hat. Während die lectura oder das commentum im engeren Sinne Schritt für Schritt den Gedankengang des Textbuches verfolgt, bewegt sich die Literaturgattung der Quaestiones auf freieren Bahnen und hebt Einzelprobleme behufs selbständiger und ausführlicher Erörterung heraus. Cod. Q. 305 bringt fol. 1ʳ—102ʳ einen weiterangelegten Kommentar bloß zum ersten Buch der Philosophia pauperum: commentarius in primum tractatum summae naturalium Alberti Magni, wie Amplonius die Arbeit betitelt. Das Initium des Prologs lautet: „Anima humana coniuncta est corpori." Der Anfang der Expositio selber ist: „Philosophia dividitur in tres. Iste liber qui intitulatur summa naturalium seu philosophia pauperum tractans de ente mobili." Wie aus dem Kolophon fol. 102ʳ ersichtlich ist, ist dieser Kommentar fertiggeschrieben im Jahre 1399. Der Verfasser ist nicht genannt, sondern nur der Schreiber, der sich als „pulcherrimum scolarium" selbstgefällig bezeichnet.

Einen dritten Erfurter Kommentar, der für die Autorfrage der Philosophia pauperum lehrreich ist, verspare ich des Zusammenhangs halber auf eine spätere Stelle dieser Abhandlung.

Mehrere Kommentare zur Philosophia pauperum finden sich in der herzoglichen Bibliothek zu Wolfenbüttel vor. Ich gehe nur auf Cod. 1008 s. XV. ein, der uns schon aus der handschriftlichen Überlieferung des sogenannten Parvulus philosophiae naturalis bekannt ist. Von fol. 61^v—227^v erstreckt sich hier die Philosophia pauperum mit Kommentar. Albert d. Gr. ist als Verfasser der Philosophia pauperum nicht nur in der Überschrift (Alberti Magni philosophia naturalis usw.), sondern auch durch eine Miniatur angezeigt. Auf fol. 94^v ist Albert d. Gr. in roher Zeichnung dargestellt, wie er am Pulte steht und wie ihm der hl. Geist in Gestalt einer Taube Worte ins Ohr sagt[1]. Am Schluß des 3. Buches (fol. 128^v) ist uns Entstehungszeit, Entstehungsort und Verfasser des Kommentares angegeben: „Explicit liber tertius Alberti per me Johannem Brunswick in Tangermundis, anno domini 1456, in aestate, a venerabili magistro Vincentio de Spandow." Wie uns schon aus den Angaben über den Parvulus philosophiae naturalis bekannt ist, handelt es sich um Vincentius Varnholte von Spandau, der in den Jahren 1456 und 1457 uns als Rektor der Stadtschule zu Tangermünde durch die Wolfenbütteler Handschrift bezeugt ist. Die Bezeichnung „magister" drückt hier nicht den akademischen Grad, sondern das Amt des Lehrers und Leiters der genannten Stadtschule aus. Er war ja 1457 erst baccalaureus artium, der vor dem Lizentiat bzw. Doktorat an der Artistenfakultät in Rostock stand (baccalaureus artium necnon magistrandus Rostockensis). Wir gewahren auch in diesem Falle, wie die Philosophia pauperum als Textbuch an einer Stadtschule verwertet und erklärt wurde.

Ich übergehe Kommentare zur Philosophia pauperum, die sich in den Universitätsbibliotheken zu Prag und Krakau befinden, und verlasse auf einen Augenblick den Umkreis der

---

[1] Vgl. Heinemann, *Die Handschriften der herzoglichen Bibliothek Wolfenbüttel*. I 2 Wolfenbüttel 1886, 296.

deutschen oder deutsch-beeinflußten Philosophie des ausgehenden Mittelalters, um kurz auf einen solchen Kommentar in der Bibliothek des Escorial bei Madrid hinzuweisen. Im Cod. lat. L. I. 16 dieser Handschriftensammlung findet sich von fol. 27ʳ ab von einer Hand des 15. Jahrhunderts eine, wie es im Explicit heißt, Glossa super parvam philosophiam Alberti Magni. Das Initium lautet: „Plasmavit dominus deus paradisum voluptatis." Im Explicit ist ohne weitere Bestimmung der mir ganz unbekannte Name: Maqueda beigefügt. P. Guilermo Antolin, der Bearbeiter des lateinischen Handschriftenkatalogs des Escorial, stellt sich die Frage: ‚es el glossador ó el copista?'[1] Wie dieser Kommentar laut angegebenen Initiums einen biblisch-religiösen Eingang hat, so klingt er auch im gleichen Sinne aus: „a quibus et aliis malis omnibus defendat nos qui sine fine regit in saecula saeculorum. Amen."

Wenn wir uns wieder den deutschen Handschriftenschätzen zuwenden, so tritt uns im Cod lat. 5242 s. XV der Wiener Handschhrift, der uns über die Autorschaft des Parvulus philosophiae naturalis gemeinsam mit einer Münchener Handschrift wertvollen Aufschluß gegeben hat, auch ein Kommentar zur Philosophia pauperum entgegen. Das Vorwort beginnt fol. 108ʳ so: „Circa initium summulae naturalium Alberti breviter videndum est secundum philosophum primo posteriorum usw." In diesem Vorwort ist über die causae der Philosophia pauperum gehandelt. Bezüglich der causa efficiens sind zunächst verschiedene Unterscheidungen gemacht, welche uns allsogleich wenig Ertrag für die Lösung der Autorfrage erwarten lassen. Als causa efficiens in der Bedeutung von Verfasser ist angegeben: „quidam Coloniae praedicator nomine Albertus Magnus et additur iste nomen Magnus non quoad corpus sed potius quoad scientiam ut forte haberetur differentia inter alium magistrum cum illo nomine Albertus nominatum." Es braucht nicht eigens bemerkt zu werden, daß eine solche Ausführung jeglichen historischen Gefühls entbehrt. Dieser Kommentator reiht sich durch diese geistlose Bemerkung unter den Typ jener paraphrasierenden Erklärer ein, die schablonen-

---

[1] P. Guilermo Antolin, *Catalogo de los codices de la Real Biblioteca del Escorial* III (Madrid 1911) 16.

haft Wort für Wort, Satz für Satz umschrieben und von jedem historischen Interesse unberührt auch bei Autornamen das gleiche Verfahren in Anwendung brachten. Diese schematische Art teilte sich naturgemäß auch den Vorreden mit, so daß einem solchen Kommentator beim Namen Albertus Magnus sich nicht die Frage, ob Albertus Magnus der wirkliche Verfasser der Schrift ist, vor die Seele stellt, sondern ihm lediglich darum zu tun ist, über den Sinn der Worte Albertus und magnus zu berichten. Was von diesem Kommentar gilt, trifft mehr oder minder auch bei anderen solchen Erklärungen des 15. Jahrhunderts zu, welche in ähnlichen Wendungen Albertus Magnus als causa efficiens der Philosophia pauperum einführen.

Zu Cod. lat. 5242 der Wiener Hofbibliothek sei noch ergänzend bemerkt, daß der alte Katalog der Dominikanerbibliothek zu Wien aus dem Jahre 1513 unter der Signatur T 36 folgendes Werk aufführt: Alberti Magni Summa naturalium, et habet quinque tractatus, incipit: Circa initium summa naturalis, cum tabula [1]. Ohne Zweifel haben wir auch hier einen Kommentar zur Philosophia pauperum vor uns, der mit demjenigen der genannten Wiener Handschrift möglicherweise zusammenfällt. Ich konnte unter den noch jetzt vorhandenen Handschriften der Wiener Dominikanerbibliothek dieses Exemplar nicht mehr feststellen.

Die Münchener Hof- und Staatsbibliothek birgt mehrere Handschriften, in welchen die Philosophia pauperum mit Kommentaren ausgestattet ist. Clm. 429 s. enthält fol. 148^v—199^v die Philosophia pauperum mit einer Erklärung, welche in die Form von dubia gekleidet ist. Das Initium des Kommentars lautet: „Philosophia dividitur: Procedendo ad textum, nota." Auf fol. 199^v erfahren wir auch etwas über den Verfasser dieser dubia: „Expliciunt dubia Alberti in Brunswich lecta per Eberhardum Locatum sic nominatum anno domini 1427." Das „dubia Alberti" hat hier offenbar den Sinn: Dubia über Albert, über Alberts Summa naturalium oder Philosophia pauperum. Der Verfasser des Kommentars heißt Eberhardus Locatus.

---

[1] Vgl. *Mittelalterliche Bibliothekskataloge Österreichs:* I. Band *Niederösterreich*, bearbeitet von Th. Gottlieb (Wien 1915) 405.

Die Wendung „in Brunswich lecta' deutet darauf hin, daß diese dubia die Niederschrift von Vorlesungen bilden, welche Eberhardus Locatus in Braunschweig gehalten hat. Die Philosophia pauperum erscheint aber hiermit zum wiederholtenmale als Textbuch an einer Stadtschule. Auch Clm. 14897 s. XV bietet den Teil eines großen Kommentars zur Philosophia pauperum, deren Text selber wieder mit reichen Interlinearglossen versehen ist. Im Kommentar wird als Verfasser der Philosophia pauperum Albertus vorausgesetzt, wie die Wendung: hic probat Albertus bezeugt. Clm. 19698 befaßt an erster Stelle einen Inkunabeldruck der Philosophia pauperum (Venedig 1498) in sich, hieran schließt sich ein handschriftlicher Kommentar super Philosophiam naturalem Alberti magni doctoris egregii auf 167 Blättern. Dieser Kommentar ist nach dem Explicit (fol. 167^v) im Jahre 1497 im Kloster Tegernsee vollendet worden.

Ein Exemplar eines Kommentars zur Philosophia pauperum findet sich endlich auch im Cod. 630 s. XV der K. Bibliothek zu Eichstätt (fol. 1^r—48^v). Das Initium des Prologs lautet: Circa initium summae naturalis Alberti principaliter tria sunt notanda: primum quid sit philosophia secundum quid sit philosophia naturalis. Die landläufigen Fragen über die causae des Buches sind in diesem Prolog nicht gestellt.

VI. Ein Albert von Sachsen zugeschriebener Kommentar zur Philosophia pauperum.

Ein interessanter Kommentar zur Philosophia pauperum, der mir sonst nirgends begegnet ist, ist im Cod. 57 der Wiener Dominikanerbibliothek erhalten. Es füllt hier der Kommentar fol. 1^r—98^r in ziemlich kleiner, aber gut leserlicher lateinischer Schrift. Zu Beginn des Kommentars ist keine Titelüberschrift angebracht, es fängt ohne weiteres der ziemlich ausführliche Prologus an, dessen Initium eine Bibelstelle bildet: „Sub umbra illius quem desideraveram sedi et fructus eius dulcis. Ista sunt verba sapientissimi Salomonis." Bemerkenswert ist, daß nicht nur am Beginn des ganzen Kommentars, sondern an der Spitze jedes folgenden Buches ein Prooemium oder ein accessus steht.

Auf. fol. 31ʳ beginnt das 2. Buch: „Incipit accessus in librum de caelo et mundo. Quae est ista quae descendit per desertum deliciis affluens, canticorum." Das 3. Buch beginnt fol. 44ᵛ mit einem Prooemium, dessen Motto nicht der Hl. Schrift, sondern Aristoteles entnommen ist: „Ignorato motu necesse est ignorare naturam, haec propositio scribitur ab Aristotele in principio tertii phisicorum." Das vierte der Meteorologica geweihte Buch wird mit einem Prologus eröffnet, der sein Motto wiederum der Hl. Schrift entnimmt: „Quam pulchra es amica mea, oculi tui columbarum, canticorum" (fol. 55ᵛ). Das fünfte und letzte Buch weist ein Prooemium ohne diese biblische Einkleidung auf, statt derer es ein Aristoteleswort an der Stirne trägt: „Scientia de anima utilis est et ad omnem veritatem et maxime ad scientiam naturalem. Haec propositio scripta est in prohemio de anima" (fol. 83ᵛ). Offenbar ist dies eine merkwürdige Einrichtung, jedes Buch mit einem eigenen Prooemium zu eröffnen. Im 13. Jahrhundert herrschte der Brauch, in den Sentenzenkommentaren jedes der vier Bücher mit einem schwungvollen an ein ausgewähltes Schriftwort sich frei anschließenden Prooemium zu eröffnen. Doch ist man schon Ende des 13. Jahrhunderts vielfach davon abgekommen, wie die Sentenzenkommentare des Jakob von Metz, Johannes Quidort von Paris, Bernhard von Trilia usw. bekunden. Jedenfalls ist es literarisch eine eigenartige Erscheinung, Stellen aus dem Hohenlied als Motto zu Darlegungen auszuwählen, welche mit der aristotelischen Physik, mit De generatione et corruptione, mit der Meteorologica sich befassen. Es spiegelt sich in diesem Zusammendenken solch weit voneinander abstehender Gegenstände eine tieffromme Auffassung, die bei vielen, namentlich auch deutschen Scholastikern des 14. und 15. Jahrhunderts sich noch wahrnehmen läßt.

Im Prolog, der an der Spitze des ganzen Kommentars steht, ist auch die Frage nach der causa efficiens der Philosophia pauperum besprochen: „Causa efficiens dicitur communiter quod fuerit Albertus, ubi nota: proprie loquendo Albertus non est causa efficiens alicuius scientiae iam existentis, cum quaelibet scientia iam existens sit acquisita in anima scientis

Alberto non existente. Sed intentio auctoris est in tali modo loquendi, quod Albertus fuerat collector alicuius summae, ex qua multi libri sunt scripti usque ad tempus nostrum, quibus libris nos utimur tamquam instrumentis ad generandam scientiam in intellectu nostro, et debet concedi, quod Albertus vel alius auctor iam mortuus fuerat causa efficiens scientiae alicuius pro nunc existentis. Hoc est valde large, quia potest esse causa remota et instrumentalis secundum intellectum expressum. Unde Commentator super primo posteriorum dicit: non solum scientia instruit nec litera visa docet sed haec secundario movent et excitant. Verus autem doctor est, qui mentem interius illuminat et immediate ei ostendit. Per quod vult, quod ipsemet intellectus est causa principalis scientiae." Ich habe diesen Text weniger deshalb ganz aufgeführt, weil er für die Lösung der Autorfrage etwas Entscheidendes bringen würde, als vielmehr deswegen, weil er für die Mentalität der scholastischen Kommentatorenliteratur recht bezeichnend ist. Den Verfasser des Kommentars interessiert bei der herkömmlichen Frage nach der causa efficiens weniger, wer tatsächlich die causa efficiens, der wahre Verfasser der Philosophia pauperum gewesen, ihm ist es mehr darum zu tun, den Begriff der causa efficiens alicuius scientiae zu analysieren. Bei der Erörterung des Problems, wie der Verfasser eines Buches bzw. dieses Buch selbst und die Denkkraft des Lesenden und Lernenden als Koefficienten der Wissenserzeugung zusammen wirken, bewegt er sich in Gedankengängen, die uns aus den scholastischen Untersuchungen De magistro geläufig sind. Was nun die Äußerung über den Verfasser der Philosophia pauperum selbst betrifft, so wird als solcher Albertus ohne weiteren Zusatz bezeichnet. Bei dem hohen Ansehen, dessen Albertus Magnus im 14. und 15. Jahrhundert in deutschen Landen weit über seinen Orden hinaus sich erfreute, ist es sehr auffallend, daß sich hier gar kein näherer Hinweis auf die Persönlichkeit Alberts d. Gr. findet Doch kann dieses argumentum ex silentio, wonach der Verfasser des Kommentars eben nicht Albert d. Gr. gemeint habe, durch die Erwägung abgeschwächt werden, daß es dem Verfasser lediglich darum zu tun gewesen sei, sich über den Sinn der Worte: causa efficiens alicuius scientiae zu äußern. Nicht recht klar kann ich mir über die Wendung werden: „quod Albertus fuerat collector alicuius summae, ex qua multi libri sunt scripti usque ad tempus nostrum." Ist hier Albert als Verfasser der Philosophia pauperum gedacht oder bloß als Autor einer großen Vorlage, aus der diese Philosophia pauperum wie viele andere spätere Schriften Exzepte darstellen? Man möchte dem Worlaute nach eher an das letztere denken.

Von Wert für die Beurteilung dieses Prooemiums und des ganzen Kommentars dürfte es sein, über den Verfasser dieser Expositio zur Philosophia pauperum Aufschluß zu bekommen. Dieselbe ist ohne Zweifel in Deutschland entstanden, wie überhaupt fast alle Kommentare zur gleichen Schrift in Deutschland entstanden sein dürften. In unserer Handschrift finden sich auch ab und zu besonders am Rand kurze deutsche Bemerkungen, z. B. fol. 67ʳ: du minenklicher. Auf 56ʳ zu Beginn des 4. Buches ist auf das Erdbeben von Basel 1346 verwiesen: „et hinc fiunt terraemotus ita quod quandoque magna aedificia subruuntur sicut accidit in Basilea anno domini 1346." Am Rand steht hier mit roter Tinte: basel. Der Kommentar ist ohne Zweifel nach 1346 geschrieben. Am Schluß des ganzen Kommentars (fol. 98ʳ) findet sich eine Bemerkung, welche die zeitliche Umgrenzung uns noch genauer vornehmen läßt: „Expliciunt dicta moderna super summam naturalem Erfordiae tradita scripta per manus fratris Henrici de Veltre ordinis fratrum praedicatorum conventus Basileensis anno domini millesimo trecentesimo sexagesimo septimo in conventu Spirensi ubi pro tunc fuit studens." Aus dem ganzen Kontext ist ersichtlich, daß der Dominikaner Heinrich von Veltre nicht selber der Verfasser dieser: „Dicta moderna", die darnach vor 1367 und nach 1346 entstanden sein müssen, sein kann. Die Wendung: „scripta per manus" deutet zu bestimmt auf den Schreiber, den Kopisten hin Außerdem hat Heinrich von Veltre als Studierender im Dominikanerkloster zu Speyer doch noch nicht gut diesen Kommentar, der von allen Kommentaren zur Philosophia pauperum der ausführlichste, reifste und vollständigste sein dürfte, selber ausarbeiten können. Weiterhin ist ja unzweifelhaft gesagt, daß diese „dicta moderna" in Erfurt „tradiert" worden sind, also Gegenstand eines Lehrvortrages gewesen sind. Der Entstehungsort ist Erfurt, nicht Speyer. Außerdem würde Heinrich von Veltre seine eigene Arbeit schwerlich als „dicta moderna" bezeichnet haben. Diese Benennung deutet doch auf eine fremde Arbeit, nicht auf die eigene Leistung hin.

Gibt uns nun für die Bestimmung des wirklichen Verfassers dieses Kommentars nicht gerade der Hinweis auf Erfurt einen Fingerzeig? Die Universität Erfurt kann natürlich als die Wissensstätte, an der dieser Kommentar entstanden ist, nicht in Betracht kommen, da sie bekanntlich erst 1392 gegegründet worden ist. Wir können hier nur an die Stadtschule von Erfurt denken, die nach den Forschungen Denifles[1] zu den bedeutendsten Studienanstalten Deutschlands zählte An ihr wurde die „philosophia tam naturalis quam moralis" eifrig gelehrt, an ihr ist in den Jahren 1362—1363 als Rektor der hochangesehene Philosoph, Theologe und Jurist Heinrich Totting von Oyta († 1397) bezeugt, der später in Prag, Paris und Wien eine einflußreiche akademische und schriftstellerische Tätigkeit entfaltete[2]. Es wird keinem Zweifel unterliegen, daß unser Kommentar aus der Feder eines Magisters an der Stadtschule zu Erfurt stammt. Im Zusammenhang mit diesen Feststellungen mache ich nun auf eine Notiz aufmerksam, die sich in unserem Kommentar am Schluß des 3. Buches fol. 55ʳ findet: Et sic habetur finis huius libri tertii tractatus currentis libri de generatione et corruptione Aristotelis. Igitur benedicamus domino. Deo gratias et sanctae Mariae virgini gloriosae et beatae ac delicatae Agneti immaculatae virgini. Amen. Darunter steht

---

[1] H. Denifle, *Die Universitäten des Mittelalters bis 1406* 1 (Berlin 1885) 403 ff.

[2] In dem 1362—1363 an Urban V. eingesendeten „Rotulus magistrorum, licentiatorum baccalariorum et peritorum Alamannie" ist aufgeführt: Henricus dictus Totting clericus Osnabrugensis dioecesis rector superior studii generalis et solemnioris Alamannic artium Erford. Denifle a. a. O. 406. Über Heinrich Totting von Oyta vgl. G. Sommerfeld, *Zu Heinrich Totting von Oyta (gest. 20. Mai 1397 in Wien)* in: *Mitteilungen des Instituts für österreichische Geschichtsforschung* XXV (1904) 576—604). Fr. Überweg — M. Baumgartner, *Grundriß der Geschichte der Philosophie der patristischen und scholastischen Zeit*[10] (Berlin 1915) 627.

von gleicher Hand: Expliciunt dicta magistri Alberti de Saxonia super tertium de generatione et corruptione. Unmittelbar darunter steht: Alberti magni ordinis praedicatorum. Doch sind diese Worte: Alberti magni praedicatorum ausradiert, aber noch leserlich. Der ursprüngliche Wortlaut war also: Expliciunt dicta magistri Alberti de Saxonia super tertium de generatione et corruptione Alberti magni ordinis praedicatorum d. h.: Hiermit schließt der Kommentar des Magisters Albert von Sachsen zum dritten Buch der Philosophia pauperum Alberts d. Gr. Daß Albert d. Gr. radiert ist, darf als Äußerung eines Zweiflers an der Autorschaft Alberts d. Gr. angesehen werden. Unter dicta magistri Alberti de Saxonia super tertium de generatione et corruptione kann meines Erachtens nur der Kommentar, nicht der Text der summa pauperum gemeint sein. Für die Autorschaft Alberts von Sachsen an der Philosophia pauperum kann diese Stelle nicht angerufen werden, zumal diese Autorschaft schon durch die viel älteren Handschriften dieser Schrift ausgeschlossen ist.

Aber jetzt erhebt sich sofort das Bedenken: Warum steht nur am Schluß des 3. Buches Albert von Sachsen, warum nicht am Schluß der übrigen Bücher, warum nicht am Schluß des ganzen Kommentars? Stammt bloß der Kommentar zum 3. Buch aus der Feder Alberts von Sachsen? Daß in scholastischen Handschriften der Verfasser nicht am Anfang oder am Schluß der betreffenden Schrift, sondern am Ende eines Teiles oder Buches derselben angegeben ist, ist keineswegs ein ganz ungewöhnliches Vorkommnis. Es ist auch nicht anzunehmen, daß das 3. Buch dieses Kommentars zur Philosophia pauperum von einem anderen Verfasser stammt als die Erklärungen zu den anderen Büchern. Es macht der ganze Kommentar zu allen fünf Büchern einen ganz einheitlichen Eindruck und ist nach einheitlichen Gesichtspunkten und Methoden gearbeitet. Dieses 3. Buch knüpft an das vorhergehende an und fügt sich überhaupt ganz ungezwungen in das Gesamtwerk ein. Die erhobenen Bedenken mehr technischer Natur geben somit keine genügenden Anhaltspunkte, um Albert von Sachsen die Autorschaft an diesem Kommentar strittig zu machen. Auch die oben abgesteckten Zeitgrenzen stimmen ganz gut zur literarischen Tätigkeit Alberts von Sachsen, die ja nach der Mitte des 13. Jahrhunderts zur vollen Entfaltung gelangte.

Eine ungleich größere Schwierigkeit ist in dem: „dicta moderna super summam naturalem in Erfordiae tradita" gegeben, da von einem Aufenthalt und einer Lehrtätigkeit Alberts von Sachsen in Erfurt bisher nichts bekannt ist. Albert war 1351—1362 in Paris als angesehener Magister der Artistenfakultät tätig. Im Jahre 1365 treffen wir ihn in Wien als ersten Rektor der Universität, an deren Gründung er wirksamen Anteil genommen hat, im folgenden Jahre erhob ihn Papst Urban V. auf den bischöflichen Stuhl in Halberstadt. Da der Kommentar zur Philosophia pauperum nach 1346 und vor 1367 in Erfurt entstanden ist, so kann Albert von Sachsen als dessen Verfasser nur angesprochen werden, wenn er entweder vor 1351 oder zwischen 1362 und 1365 an der Stadtschule zu Erfurt tätig war. Ein Erfurter Aufenthalt vor 1351 ist nicht wahrscheinlich, da Albert erst am 7. März 1351 in Paris determiniert hat und vorher, wie man annimmt, an der neugegründeten Universität Prag den Studien oblag. Für die Zeit von 1362 bis 1365 weisen freilich nicht sicher belegbare Anzeichen auf Avignon als Aufenthaltsort unseres Magisters hin. Es ist dermalen noch nicht möglich, diese aus der Biographie Alberts von Sachsen entgegentretenden Schwierigkeiten zu lösen, da die Quellen uns über seinen Aufenthalt und Wirkungskreis vor 1351 und zwischen 1362 und 1365 keinen völlig sicheren Aufschluß geben[1] Es ist auch die Zuteilung in der Handschrift der Wiener Dominikanerbibliothek nicht ohne weiteres von der Hand zu weisen, da der Dominikaner Heinrich von Veltre 1367, also zu Lebzeiten Alberts die Niederschrift dieses Kommentars zur Philosophia pauperum angefertigt hat. Überzeugender wäre diese Zuteilung freilich dann, wenn auch ein Explicit am Schlusse des ganzen Kommentars Albert von Sachsen als Verfasser dieser dicta moderna angegeben wäre. Bemerkt sei noch, daß in unserer Handschrift sich noch ein sicher echtes Werk Alberts von Sachsen, sein Kommentar

---

[1] Mitteilungen über die durch die Quellen gesicherten Daten der Biographie Alberts von Sachsen verdanke ich Herrn Georg Heidingsfelder in Eichstätt, der eine Monographie über Albert von Sachsen vorbereitet.

zur aristotelischen Ökonomik findet (fol. 103ʳ—108ʳ). Auf fol. 108ʳ lesen wir: Expliciunt expositiones yconomicorum completae Parisius per reverendum magistrum Albertum de Saxonia. Zur endgültigen Lösung der Frage, ob dieser nach Inhalt und Umfang bedeutendste Kommentar zur Philosophia pauperum sicher ein Werk Alberts von Sachsen ist, müßte auch eine eingehende inhaltliche Vergleichung der betreffenden Bücher desselben mit den großen Kommentaren Alberts zur Physik, zu De caelo et mundo, De generatione et corruptione angestellt werden. Für die Meteorologica käme Themos Bearbeitung von Alberts Kommentar in Betracht.

VII. Albert von Orlamünde, der Verfasser der Philosophia pauperum.

Unsere handschriftlichen Forschungen sowohl über den Parvulus philosophiae naturalis des Peter von Dresden, diesen weitverbreiteten und vielkommentierten Auszug aus der Philosophia pauperum, wie auch über die zahlreichen Kommentare zu derselben haben bisher kein entscheidendes Ergebnis in der Autorfrage gezeitigt. Wir sind zwar sehr häufig auf Albert den Großen als den Autor der Philosophia pauperum hingewiesen worden. Indessen gehören die Bezeugungen in ihrer weitaus größeren Zahl dem 15. Jahrhundert an und machen außerdem auch nur den Eindruck, daß sie keine ernstliche historische Behandlung und Lösung der Frage bezwecken Indessen waren, wie ich gezeigt haben dürfte, unsere Untersuchungen in anderer Hinsicht nicht vergeblich, indem sie uns die weite Verbreitung, Bearbeitung und Verwertung der Philosophia pauperum enthüllten und uns einen Blick in den philosophischen Unterricht an den deutschen Universitäten und besonders Stadtschulen des ausgehenden Mittelalters werfen ließen.

Man darf indessen bei solch handschriftlichen Nachforschungen auch bezüglich der Autorfrage sich nicht entmutigen lassen, schließlich kann man ja auf Notizen stoßen, die zur Lösung dieser Frage die rechten Wege weisen können. Dieser Optimismus des Forschens und Suchens findet auch in unserem Falle eine gewisse Rechtfertigung. Es ist vor allem eine Münchener Handschrift, die uns den rechten Weg zeigt. Clm. 5640 s. XIV enthält eine Glossa super quartum tractatum Alberti philosophi. Es ist ein Kommentar zum 4. Buch der Philosophia pauperum, also zu dem Buch, das der Meteorologica gewidmet ist. Dieser Kommentar erstreckt sich nur auf das 4. Buch und ist auch nur auf diesen Umfang eingerichtet. Auf fol. 32^r schließt das Ganze, nämlich der Text des 4. Buches der Philosophia pauperum und der Text des Kommentars also: Explicit glossa super quartum tractatum Alberti philosophi subtilissimi. finita autem fuit haec glossa anno domini 1374 in vigilia annuntiationis gloriosae virginis Mariae. Ad cuius laudem sequens oratio dicatur et iugiter in corde volvatur. Auch an einer anderen Stelle dieser Handschrift findet sich eine chronologische Notiz (fol. 35^v), die von der gleichen Hand später oben am Rand angebracht ist: „Nota quod anno domini 1378 XII. Kal. martii in die sabbati crastino Dominica Invocabit intra tempus meridiei et completorii saepius tonitrua audita sunt et tunc praesens folium scripsi et post completorium coruscationes et tonitrua. Eodem anno fuit hiems calidissima et maxima pluviosa, sequente aestate facta est eclypsis lunae in octava assumptionis beatae virginis et maxima pestilentia in eodem anno fere in omnibus partibus mundi fuerat." Wir haben es hier also mit einem Kommentar zur Philosophia pauperum aus dem 14. Jahrhundert zu tun, während die früher besprochenen Erklärungen fast mit der einzigen Ausnahme des Albert von Sachsen zugeschriebenen Kommentars dem 15., teilweise dem vorgerückten 15. Jahrhundert angehören. An der Spitze dieses Kommentars in Clm. 5640 steht ein Prolog mit dem Initium: „Propter admirari antiqui inceperant philosophari. Haec propositio capitur ex prohemio metaphysicae." Der Kommentar selber beginnt: „Dicto de corpore. Iste tractatus dividitur in praeambulum."

Im Prolog selber ist wie dies bei solchen Einleitungen zur Erklärung von Textbüchern üblich war, über den titulus der Schrift, über die causae derselben und über ihre Stellung im Organismus der philosophischen Wissenschaft gehandelt:

„Quaeruntur ergo tria in principio istius tractatus sc. quae causae, quis titulus et cui parti philosophiae supponatur." Bei der Besprechung der causa efficiens findet sich nun folgender Aufschluß: „De causa efficiente etiam ponunt in principio illius libri, qui fuit frater Albertus natione turingus de Orlamunde." Wir haben aber hier ein handschriftliches Zeugnis für Frater Albert von Orlamünde in Thüringen, das älter ist als die Zeugnisse des Laurentius Pignon und Ludwig von Valladolid und auch älter als diejenigen Kommentare zur Philosophia pauperum, welche in ausgesprochen schematischer Form als deren causa efficiens Albertus Magnus bezeichnen. Hierbei soll nochmals daran erinnert sein, daß Laurentius Pignon nicht ohne weiteres für die Autorschaft Alberts d. Gr. angerufen werden darf. Die ganze Formulierung der Notiz weist darauf hin, daß der Verfasser des Kommentars diese Mitteilung älteren Vorlagen entnimmt. Die Wendung: ponunt gibt dieser Auffassung, daß Albert von Orlamünde der Verfasser der Philosophia pauperum ist, den Sinn des Verbreiteten und Traditionellen. Das Gewicht dieser Notiz ist schon deshalb ein so überzeugungsvolles, als es sich hier um einen Namen und Autor handelt, der sonst nirgends vorkommt und in keiner Weise Gegenstand von Verwechslungen sein kann. Er ist ganz eindeutig bestimmt: frater Albertus natione Turingus de Orlamunde und ist ebenso eindeutig als der Verfasser unserer Philosophia pauperum und keiner anderen gekennzeichnet. Irgendwelche Verwechslung mit Albertus Magnus ist durch diese Bestimmung absolut ausgeschlossen. Daß diese Notiz historischen Charakter und Wert besitzt, wird durch einen vergleichenden Hinweis auf die schablonenhaften und geschichtlich ganz uninteressierten Auslassungen der anderen Kommentare aus dem 15. Jahrhunder. — es sei beispielsweise nochmals an Cod. lat. 5242 der Wiener Hofbibliothek erinnert — deutlich ins Licht gestellt. Von dieser schablonenhaften und unhistorischen Art hebt sich doch die Notiz in unserer Münchener Handschrift vorteilhaft als geschichtlicher Bericht ab.

Durch diesen Fund in dem Münchener Codex erhält natürlich auch die Bemerkung des Claudius Donesmieulx, daß er in belgischen Bibliotheken Handschriften der Philosophia pauperum mit dem Namen des Fr. Albertus de Orlamide gesehen habe, neues Licht, vor dem die Einwände und Bedenken von Quétif-Echard wie Nebel verschwinden. Claudius Donesmieulx hat ohne Zweifel solche Handschriften der Philosophia pauperum, welche Albert von Orlamünde als Verfasser aufweisen, vor sich gehabt.

Das Zeugnis der Münchener Handschrift wird auch durch einen Erfurter Codex verstärkt, der ebenfalls auf Albert von Orlamünde unser Augenmerk lenkt. Cod. Q 48 s. XV der Amplonianischen Handschriftensammlung enthält an erster Stelle fol. 1ʳ—45ʳ die Flores grammaticae mit Kommentar, an zweiter Stelle fol. 46ʳ—121ʳ einen Kommentar zur Philosophia pauperum, der nicht vollständig ist und sich bis ins 3. Buch hineinerstreckt. Diesem Kommentar ist ein Prolog vorangestellt (fol. 46ʳ u. 46ᵛ), der also beginnt: „Nos enim speculari debemus species rerum materiales et sensibiles ut laudemus eum qui fecit eas." Diese Anfangsworte bilden das Motto für längere Darlegungen über den Erkennsnis- und Lebenswert der Naturphilosophie, welche durch Zitate aus Aristoteles, Boëthius und Hugo von St. Victor belebt und belegt sind. Die scientia naturalis wird hierauf in eine principalis und in eine introductoria unterschieden. Die erstere ist in den naturphilosophischen Schriften des Aristoteles (Physik, De caelo et mundo, De generatione et corruptione, Meteorologica und De anima) niedergelegt, die Einführung in die Naturphilosophie (introductoria) ist eben unsere Summa de philosophia naturali oder Philosophia pauperum. Ich lasse zur leichteren Beurteilung den auf die Philosophia pauperum bezüglichen Text hier folgen (fol. 46ᵛ): „Alia est scientia naturalis introductoria, quae traditur in hac Summa a domino Alberto per modum introductionis. Quia cum ipse fuit motus ex diversitate librorum naturalium et ex paucitate temporis videns omnes studentes totam philosophiam non posse plene perlegere et studere ipse compilavit hanc summam, in qua continetur melior sententia et utilior totius philosophiae. In cuius principio tria quaeruntur per ordinem: Primo quae sit causa, secundo quis titulus, tertio cui parti philosophiae supponatur. Quoad primum respondetur, quod causa materialis huius libri est ens mobile subiectum proprietatum et passionum naturalium per modum introductionis consideratum. Causa efficiens secundum quosdam fuit dominus Albertus nationis Coloniensis episcopus Ratisponensis. Sed secundum alios fuit unus praedicator nomine Albertus de Orlamunde lector in Thuringia. De quo tamen non est curandum, quia ut dicit Seneca non te moveat dicentis auctoritas sed quid dicatur attende diligentius. De aliis causis dicatur hic sicut alibi. Ad secundum dicitur, quod titulus libri est: Incipit summa Alberti introductoria de philosophia naturali. Ad tertium respondetur quod iste liber supponatur philosophiae naturali, qui tractat de entibus naturalibus compendiose sub breviloquio." Man wird diesen Ausführungen Sinn für geschichtliche Betrachtungsweise wahrlich nicht nachrühmen können. Der uns unbekannte Verfasser dieses Kommentars steht der Frage, wer der wirkliche Verfasser der Philosophia pauperum gewesen, mit bewußter Interesselosigkeit gegenüber und würde sich wohl höchlichst gewundert haben, wenn er vorausgesehen hätte, daß über diese Autorfrage eine längere Untersuchung, wie ich sie hier vornehme, angestellt werden würde. Die großen Scholastiker des 13. Jahrhunderts waren auch vorzugsweise von sachlichen inhaltlichen Richtpunkten geleitet, aber sie haben doch auch für solche Echtheitsfragen sich interessiert, wie z. B. Thomas von Aquin bei den pseudo-augustinischen Schriften De Spiritu et anima und De dogmatibus ecclesiasticis oder beim Liber de causis mit erstaunlichem Erfolg der Autorfrage nachgegangen ist.

Indessen ist diese Stelle des Erfurter Codex für die Bestimmung des Autors der Philosophia pauperum belangvoll, wenn sie im Zusammenhang und Zusammenklang mit dem so eben gewerteten Zeugnis von Clm. 5640 und auch mit dem Zeugnis des Claudius Donesmieulx betrachtet wird. Diese Bedeutung der Erfurter Notiz ist eine doppelte. Fürs erste wird dadurch beurkundet, daß auch noch im 15. Jahrhundert die Spuren, die auf Albert von Orlamünde hindeuten, noch nicht ganz verwischt waren. Während in der dem 14. Jahrhundert angehörenden Münchener Handschrift Albert von Orlamünde allein als Autor der Philosophia pauperum bezeichnet wird, wird hier in der Erfurter Textstelle mitgeteilt, daß die einen Albert den Gr., die anderen eben Albert von Orlamünde für den Verfasser der Philosophia pauperum halten. Man war ja auch am Ausgang des Mittelalters keineswegs allwärts von der Autorschaft Alberts d. Gr. überzeugt. Petrus de Prussia, dessen Angaben über die Schriften Alberts im Zusammenhalt mit dem Stamser Katalog eine gute Orientierung geben, schreibt [1]: „Item scripsit parvam summam philosophiae, quae intitulatur philosophia pauperum: quidam autem dubitant an sit eius." Fürs zweite ist die Erfurter Angabe deswegen dankenswert, weil die Benennung: unus praedicator nomine Albertus de Orlamunde lector in Thuringia eine Erweiterung der Münchener Bezeichnung: Frater Albertus natione Thuringus de Orlamunde darstellt. Albert von Orlamünde in Thüringen wird als Dominikaner und als Lektor oder Lesemeister, als Professor an einem Ordensstudium, näher bestimmt. Doch ist und bleibt das Zeugnis der Münchener Handschrift als das erheblich ältere und allein auf Albert von Orlamünde lautende wertvoller und ausschlaggebender. Alle drei Bezeugungen zusammen, die Münchener und Erfurter und diejenige des Claudius Donesmieulx, sind die Praemissen, aus denen wir mit der in solchen Echtheitsfragen erreichbaren Sicherheit die Autorschaft Alberts von Orlamünde erschließen können. Dazu kommen als sekundäre Momente auch noch Erwägungen innerer Art, die gegen die Autorschaft Alberts d. Gr. sprechen. Wir haben eingangs dieser Untersuchungen dieselben der Hauptsache nach kurz kennen gelernt.

Gegen die Zuteilung der Philosophia pauperum an Albert von Orlamünde spricht keineswegs die handschriftliche Überlieferung dieses Büchleins. Die älteste uns bekannte Handschrift der Philisophia pauperum, Cod. lat. 16222 der Pariser Nationalbibliothek bezeichnet die Schrift als: „compendium de negotio naturali Fratris Alberti." Diese Benennung kann na-

---

[1] B. Alberti Doctoris magni *De adhaerendo Deo libellus. Accedit ejusdem Alberti vita compilatore* P. Petro de Prussia (Antverpiae 1621) 293.

türlich auf Albert von Orlamünde gerade so gut bezogen und gedeutet werden wie auf Albertus Magnus, ja in gewissem Sinne mit noch mehr Recht, da für den „dominus Albertus, quondam episcopus Ratisponensis" diese schlichte Benennung: Frater Albertus in den Handschriften weniger gebräuchlich ist. Daß dann in den Handschriften der Philosophia pauperum bald mehrfach Albertus Magnus als Verfasser auftritt, läßt sich aus der Namensgleichheit und der dadurch veranlaßten Verwechslung erklären. Ich habe schon früher auf ähnliche Vorgänge bei unechten Opuscula des hl. Thomas von Aquin hingewiesen. Auf ähnliche Weise wurden, um noch ein anderes Analogon anzuführen, Schriften des Franziskaners Alexander von Alessandria dem Alexander von Hales zugeteilt. In unserem Falle ist diese Verwechslung und diese Zuweisung an den größeren Namen um so verständlicher, als ja die Philosophia pauperum in der innigsten sachlichen Abhängigkeit von echten Schriften Albert d. Gr. sich befindet, ja mehr oder minder ein Excerpt aus denselben vorstellt. So begreiflich diese Verwechslung aus der Psychologie der literarischen Eigentumsregelung damaliger Zeit ist, ebenso unbegreiflich und unerklärlich wäre es, wenn der Dominikaner „Frater Albertus de Orlamunde, lector in Thuringia" ohne sachliche Unterlage als Verfasser der Philosophia pauperum bezeichnet würde. Eine solch positive Angabe, bei welcher jede Verwechslung ausgeschlossen ist, kann unmöglich willkürlich erdacht sein, kann kein geschichtliches bloßes ens rationis sein.

Es werden mit der fortschreitenden Erforschung der scholastischen Handschriftenschätze noch mehrere bisher gänzlich unbekannte Namen aus der unmittelbaren und mittelbaren Schule Alberts d. Gr. auftauchen, welche die Schriften des gefeierten deutschen Denkers bearbeitet und exzerpiert haben. Ich erinnere hier nur an eine solche kompendiöse Bearbeitung der Summa de creaturis durch den Dominikaner Martin von Brandenburg, über deren überraschende Bedeutung ich an einer anderen Stelle eingehend handeln werde. Noch an der Schwelle der Neuzeit sind an der Kölner Universität in der Schola Albertistarum solche Zusammenfassungen der Naturphilosophie Alberts d. Gr. für den Schulgebrauch gefertigt worden, so von Gerhard von Harderwick († 1503) und Johann von Nürtingen († 1515) [1]. Durch die Philosophia pauperum und in noch verdünnterer Form durch den Parvulus philosophiae naturalis ist die aristotelisch-albertinische Naturphilosophie in ihren Grundbegriffen und Hauptthesen in weite Kreise getragen worden. Ein Nebenergebnis unserer Untersuchungen über den Autor der Philosophia pauperum ist, wie an vielen Stellen sich gezeigt haben dürfte, ein Einblick in das Fortleben und Fortwirken des Doctor universalis besonders im deutschen Geistesleben des ausgehenden Mittelalters. Doch ist es nur ein Ausschnitt dieses vielgestaltigen Weiterwirkens, den wir damit kennen lernen. Die wichtigere Seite dieses Einflusses ist ja durch die „von Albert ausgehende, im Dominikanerorden heimische, besonders in Südwestdeutschland gepflegte, neuplatonisch gefärbte Scholastik" [2] dargestellt.

Ein zweites Nebenergebnis unserer Untersuchungen läßt sich als Beitrag zur Geschichte des philosophischen Unterrichts an den deutschen Universitäten und besonders Stadtschulen des ausgehenden Mittelalters kennzeichnen. Der Parvulus philosophiae naturalis wird ziemlich ausschließlich ein Textbuch für die Stadtschulen gewesen sein, wie ja auch der Rektor einer Stadtschule Petrus von Dresden ihr Verfasser war. Als

---

[1] *Epitomata totius phylosophie naturalis que vulgato sermone Reparationes appellantur Alberti Magni philosophi acutissimi et theologi profundissimi scripti conformia per* magistrum Gerardum Hardewiccensem *sacre theologie licentiatum quoad octo libros physicorum duos de anima et primum parvorum naturalium et quoad reliquos omnes* usw. (Colonie 1496 H. Quentel). Auf dem Titelbild ist Albert d. G. mit seinen Schülern abgebildet. Das Werk selbt umfaßt: Physik, De caelo et mundo, De generatione et corruptione, Meteorologica, De anima und außer diesen Teilen, welche an die Reihenfolge der Philosophia pauperum gemahnen, noch: De sensu et sensato, De memoria et reminiscentia, De somno et vigilia, De longitudine et brevitate vitae. — *Librorum de caelo et mundo commentarii secundum doctrinam divini Antistitis Magni Alberti* per honorandum virum artium magistrum ac sacre theologie licentiatum magistrum Johannem de Nurtingen usw. (Colonie, H. Quentel 1508).

[2] Cf. Baeumker, *Die christliche Philosophie des Mittelalters (Kultur der Gegenwart* I, 5²) (Leipzig 1913) 410. Vgl. Baeumker, *Der Anteil des Elsaß an den geistigen Bewegungen des Mittelalters* (Straßburg 1912) 25 f. 47—50.

benannten und bekannten Autor eines Kommentars zu diesem Büchlein haben wir auch den Rektor der Stadtschule zu Tangermünde Vinzenz Varnholte von Spandau kennen gelernt.

Doch auch die Philosophia pauperum ist allem Anschein nach ein Textbuch für den philosophischen Unterricht mehr in den deutschen Stadtschulen als wie an den Artistenfakultäten der Universitäten gewesen, wenn auch an letzteren nachweisbarerweise Vorlesungen über dieselbe gehalten wurden. Wir haben bei der Übersicht über die Kommentare zur Philosophia pauperum wahrgenommen, daß alle benannten und datierten an Stadtschulen in Stargard, Tangermünde, Braunschweig und Erfurt entstanden sind. Daß auch an den Universitäten wenigstens von Zeit zu Zeit Vorlesungen über die Philosophia pauperum gehalten wurden, dafür sind die Kommentare in den Universitätsbibliotheken zu Prag und Krakau wohl ein Beleg. Noch mehr Aufklärung geben uns hierüber die Vorlesungsverzeichnisse. J. Aschbach hat die Vorlesungsverzeichnisse an der Artistenfakultät der Wiener Universität aus den Jahren 1390—1400 veröffentlicht[1]. Hierunter befindet sich nur in einem einzigen Schuljahr 1397/1398 eine Vorlesung über die Summa naturalium Alberti, in sämtlichen anderen Jahrgängen hat die Summa naturalium, also unsere Philosophia pauperum keine Stelle. Aus der Mitte des 15. Jahrhunderts veröffentlicht J. Aschbach ein Verzeichnis, in welchem 32 obligatorische Vorlesungen in der Artistenfakultät mit den dazu gehörigen Übungen zugleich unter Angabe der Kolleggebühren aufgeführt sind[2]. Die Philosophia pauperum befindet sich darunter nicht. Dieselbe zählte also zu denjenigen Textbüchern, über welche nicht regelmäßig, sondern nur von Zeit zu Zeit an den Artistenfakultäten Vorlesungen gehalten wurden.

---

[1] J. Aschbach, *Geschichte der Wiener Universität* I (Wien 1865) 135—170.

[2] J. Aschbach, *a. a. O.* 352 Anm.

Personenverzeichnis.

Aegidius von Rom 21
Albertus Magnus passim
Albert von Erfurt 28
Albert von Orlamünde 22—29. 46—53
Albert von Sachsen 11. 13—15. 44 ff.
Alexander von Alessandria 52
Alexander von Hales 52
Alva y Astorga P. de 24. 25
Amplonius 35
Antolin G. 37
Aristoteles 43. 49
Aschbach 7. 54
Averroes 21.

Bacon Roger 15
Baeumker Cl. 53
Bartholomaeus Albizzi 24
Bartholomaeus Arnoldi von Usingen 30
Baumgartner M. 3. 4. 43
Bernhard von Trilia 40
Bihl M. 24
Boethius 49
Borgnet A. 27

Chantimpré siehe Thomas von Chantimpré

Delisle L. 16
Denifle H. 23. 43
De Wulf 3
Donesmieulx Cl. 23. 24. 48. 49. 50
Duhem P. 14
Dyroff A. 1. 4. 13—27

Eberhardus Locatus 38
Ehrle Fr. 28

Gerhard von Harderwick 53
Gerardus de Traiecto 17
Ghilbertus de la Haye 23
Gottlieb Th. 38
Grammer P. 24

Hauch A. 1
Haupt J. 9
Hauréau B. 17
Heidingsfelder G. 45
Heimericus de Campo 2
Heinemann O. 36
Heinrich von Lübeck 1?
Heinrich Totting von Oyta 43
Heinrich de Veltre 42. 45
Hugo, magister 11
Hugo von St. Victor 34. 49
Hurter H. 24

Jakob von Metz 43
Johannes Brunswick 31. 36
Johannes von Janduno 21
Johannes von Nürtingen 53
Johannes Picardi von Lichtenberg 13
Johannes Quidort von Paris 40
Johannes Scorcop 31

Konrad von Megenberg 10

Laude P. J. 22
Laurentius Pignon 48
Little A. G. 15
Loë P. v. 4. 5. 6. 14. 27
Lucretius 9
Ludwig von Valladolid 48

Macray W. D. 15
Mandonnet P. 1. 3
Maqueda 37

Martin von Brandenburg 52
Marx J. 11
Michalski C. 2

Niglis A. 16
Nikolaus von Cues 10

Pangerl F. 1. 5—13. 16. 18. 19. 27
Petrus Gerticz von Dresden 29. 32. 33. 46. 54. 55
Petrus Lombardus 35
Petrus de Prussia 51

Quétif-Echard 4. 16. 17. 18. 22—27. 49

Ramberto dei Primadizzi 28
Raymundus Martini 28
Rose V. 3

Sanderus A. 23. 26
Schulz H. 10
Schum W. 21
Seneca 50

Siboto 29
Siger von Courtrai 16
Sommerfeld 9. 43

Themo 46
Theodoricus 11. 12
Thomas von Aquin 21. 50. 52
Thomas von Chantimpré 8. 10
Thomas Jorze 19
Thomas de Sutton 19

Überweg Fr. 4. 43

Valentinelli J. 21
Vinzenz Varnholte von Spandau 32. 36. 54
Vogt F. 10

Wallerand G. 16
Weiß M. 2. 3
Wilhelm de la Mare 29
De Wulf M., siehe unter D.

Beiträge zur Geschichte der Philosophie und Theologie des MA. (Forts.)

Band IX. Ludwig Baur: Die philosophischen Werke des Robert Grosseteste, Bischofs von Lincoln. Zum erstenmal vollständig in kritischer Ausgabe. XIV 184* u. 780 S. 36,75

Band X. 1—2. Oskar Renz: Die Synteresis nach dem hl. Thomas von Aquin. VIII u. 240 S. 9,30
3. Jos. Fischer: Die Erkenntnislehre Anselms von Canterbury. VIII u. 58 S. 3,60
4. Jak. Guttmann: Die philosophischen Lehren des Isaak ben Salomon Israeli. VIII u. 72 S. 3,—
5. Hans Bauer: Die Psychologie Alhazens. VIII u. 76 S. 3,10
6. Fr. Baeumker: Die Lehre Anselms v. Canterbury ü. d. Willen u. s. Wahlfreiheit. VIII u. 80 S. 3,30

Band XI. 1. Th. Steinbüchel: Der Zweckgedanke i. d. Philosophie d. Thomas v. A. XVI u. 156 S. 6,45
2. Matthias Meier: Die Lehre d. Thomas v. Aquino „de passionibus animae". XVI u. 160 S. 6,60
3—4. Engelbert Krebs: Theologie und Wissenschaft nach der Lehre der Hochscholastik. An der Hand der Defensa Doctrinae D. Thomae des Hervaeus Natalis. XII u. 80, 116 S. 7,80
5. P. Anselm Rohner O. Pr.: Das Schöpfungsproblem bei Moses Maimonides, Alb. Magnus und Thomas von Aquin. XII u. 140 S. 5,70
6. P. Raymundus Dreiling O. F. M.: Der Konzeptualismus in der Universalienlehre des Franziskanererzbischofs Petrus Aureoli (Pierre d'Auriole). XI u. 224 S. 8,85

Supplementband I. Studien zur Geschichte der Philosophie. Festgabe zum 60. Geburtstag Clemens Baeumkers. VIII u. 492 S. 18,75

Band XII. 1. Leopold Gaul: Alberts des Großen Verhältnis zu Plato. X u. 160 S. 6,45
2—4. Jos. Kroll: Die Lehren des Hermes Trismegistos. XII u. 441 S. 2. Aufl. 17,—
5—6. J. Würschmidt: Theodoricus Teutonicus de Vriberg De iride et radialibus impressionibus Dietr. v. Freiberg, über d. Regenbogen u. d. durch Strahlen erzeugten Eindrücke. XV u. 208 S. 8,40

Band XIII. 1. M. Schedler: Die Philosophie des Macrobius und ihr Einfluß auf die Wissenschaft des christlichen Mittelalters. XII u. 162 S. 6,60
2—3. J. H. Probst: La Mystique de Ramon Lull et l'Art de Contemplació. VIII u. 126 S. 5,10
4. Hans Leisegang: Die Begriffe d. Zeit u. Ewigkeit im späteren Platonismus. IV u. 60 S. 2,40
5. G. Schulemann: Das Kausalprinzip i. d. Philosophie d. hl. Thomas v. Aquino. XVIII u. 116 S. 5,10
6. Franz Baeumker: Das Inevitabile des Honorius Augustodunensis. VII u. 94 S. 3,90

Band XIV. 1. Georg Graf: Des Theodor Abû Kurra Traktat über den Schöpfer und die wahre Religion. 68 S. 2,55
2—4. E. Vansteenberghe: Autour de la „Docte Ignorance". Une controverse sur la Théologie mystique au XVe siècle. XII u. 222 S. 8,85
5—6. G. v. Hertling: Albertus Magnus, Beiträge zu seiner Würdigung. 2. Aufl. VIII u. 183 S. 7,20

Band XV. H. J. Stadler: Albertus Magnus de animalibus libri XXVI. Nach der Kölner Urschrift. Erster Band, Buch I—XII enthaltend. XXVI u. 892 S. 34,50

Band XVI. H. J. Stadler: Albertus Magnus de animalibus libri XXVI. Nach der Kölner Urschrift. Zweiter Band, Buch XIII—XXVI enthaltend. XXI u. 893 S 30,—

Band XVII. 1. Friedr. Beemelmans: Zeit u. Ewigkeit u. Thomas v. Aquino. V u. 64 S. 2,70
2—3. J. A. Endres: Forschungen z. Geschichte der frühmittelalt. Philosophie. VII u. 152 S 6,20
4. Artur Schneider: Die abendländische Spekulation des zwölften Jahrhunderts in ihrem Verhältnis zur aristotelischen und jüdisch-arabischen Philosophie. VIII u. 76 S. 3,15
5—6. Martin Grabmann: Forschungen über die lateinischen Aristotelesübersetzungen des XIII Jahrhunderts. XXVIII 270 u. IV. 12,—

Band XVIII. 1. P. Karl Michel S. V. D.: Der „Liber de consonancia nature et gracie" des Raphael de Pornaxio. X u. 62 S. 2,70
2—3. Pl. Bliemetzrieder, Anselms v. Laon systematische Sentenzen. XXV u. 37 u. 167 S. 8,70
4—6. Ludwig Baur: Die Philosophie d. Robert Grosseteste, Bischofs v. Lincoln. XVI u. 298 S. 12,—

Band XIX. 1. W. Müller: Der Staat in seinen Beziehungen zur sittlichen Ordnung bei Thomas von Aquin. XII u. 100 S. 4,—
2. Joh. Hessen: Die Begründung der Erkenntnis nach dem hl. Augustinus. XII u. 118 S. 5,—
3. Clemens Baeumker: Alfarabi, Über den Ursprung der Wissenschaften. 2. Aufl. In Vorb.
4 Joseph Ebner: Die Erkenntnislehre Richards von St. Viktor. VIII u. 126 S. 5,10
5—6. P. Hieronymus Spettmann O. F. M.: Johannis Pechami Quaestiones. 224 S. 9,90

Aschendorffsche Verlagsbuchhandlung, Münster in Westf.

Beiträge zur Geschichte der Philosophie und Theologie des MA. (Forts.)

Band XX. 1. Jos. Würsdörfer: Erkennen u. Wissen n. Gregor v. Rimini. VIII u. 140 S. 5,50
2. Martin Grabmann: Die Philosophia Pauperum u. ihr Verfasser Albert v. Orlamünde. 56 S. 2,40
3—4. H. F. Müller: Dionysios. Proklos. Plotinos. 2. Aufl. VIII u. 112 S. 4,50
5. Alexander Birkenmajer: Vermischte Untersuchungen zur Geschichte der mittelalterlichen Philosophie. VIII u. 248 S. 9,60
6. P. Hieronymus Spettmann O. F. M.: Die Psychologie des Joh. Pecham. X u. 102 S. 4,20

Band XXI. Bernh. Geyer, Peter Abaelards philosoph. Schriften. I. Die Logica „Ingredientibus"
1. —„— Die Glossen zu Porphyrius. XII u. 110 S. 4,50
2. —„— Die Glossen zu den Kategorien. S. 111—305 7,20
3. —„— Die Glossen über Peri ermenias. S. 307—503 8,95

Band XXII. 1—2. Martin Grabmann: Die Werke des hl. Thomas von Aquin. Eine literarhistorische Untersuchung und Einführung. 2. völlig neugearbeitete und vermehrte Auflage XIV u. 372 S.
3—4. Georg Heidingsfelder: Albert von Sachsen. Sein Lebensgang und sein Kommentar zur Nikomachischen Ethik des Aristoteles. 2. Aufl. XVI u. 148 S. 7,20
5—6. Josef Kürzinger: Alfonsus Vargas Toletanus und seine theologische Einleitungslehre XXI u. 230 S. 10,85

Band XXIII. Clem. Baeumker: 1—2. Des Alfred von Sareshel (Alfredus Anglicus) Schrift De motu cordis. XX u. 114 S. 5,—
3—4. P. Bonifaz Luyckx O. P.: Die Erkenntnislehre Bonaventuras. XXIV u. 308 S. 12,40
5. † P. Aug. Daniels O.S.B.: Eine lat. Rechtfertigungsschrift d. Meister Eckhart. XX u. 68 S. 3,60

Supplementband II. Studien zur Geschichte der Philosophie. Festgabe zum 70. Geburtstag Clemens Baeumkers. VIII u. 272 S. 10,45

Band XXIV. 1. Clem. Baeumker und Bodo Sartorius Freih. von Waltershausen: Frühmittelalterliche Glossen des angebl. Jepa zur Isagoge des Porphyrius. 60 S. 2,40
2. P. Alois Schubert: Augustins Lex-Aeterna-Lehre. VIII u. 64 S. 2,75
3. Georg Bülow: Des Dominicus Gundissalinus Schrift „Von dem Hervorgange der Welt" (De processione mundi). XXVIII u. 60 S. 3,50
† 4. P. Edelbert Kurz O. F. M.: Das Verhältnis von Individuum und Gemeinschaft beim hl. Thomas v. Aquin.
5/6. Clemens Baeumker: Contra Amaurianos. Ein anonymer, wahrscheinlich dem Garnerius von Rochefort zugehöriger Traktat gegen die Amalrikaner aus dem Anfang des XII. Jahrhunderts. Mit Nachrichten über die übrigen unedierten Werke des Garnerius. LX u. 52 S. 5,20

Band XXV. 1/2. Clem. Baeumker: Studien und Charakteristiken zur Geschichte der Philosophie, insbesondere des Mittelalters. Gesammelte Vorträge und Aufsätze nebst einem Lebensbilde, herausgegeben von Dr. Martin Grabmann. VI u. 284 S. 12.75
3/4. Bern. Rosenmöller: Die religiöse Erkenntnis nach Bonaventura. XVI u. 224 S. 9,—
†5/6. Martin Grabmann, Geschichte der ältesten Thomistenschule.

Band XXVI. 1. Halbband Jos. Koch: Durandus de S. Porciano. Forschungen z. Streit um Thomas v. Aquin zu Beginn des 14. Jahrh. I. Teil. Literaturgeschichtl. Grundlegung. XVI u. 436 S. 19,80
2. Halbband, II. Teil in Vorbereitung.

Band XXVII. 1—2. P. Albert Auer: Johannes v. Dambach und die Trostbücher vom 11. bis zum 16. Jahrhundert. XIV u. 392 S. 15,30
3. Wilhelm Schneider: Die Quaestiones disputatae de veritate des Thomas von Aquin in ihrer philosophiegeschichtlichen Beziehung zu Augustinus. VI u. 97 Seiten. 5.20
4/5. Benedikt Lindner: Die Erkenntnislehre des Thomas von Straßburg. X u 144 S. 7.80

Band XXVIII. *Dr. Mich. Schmaus: Der Liber propugnatorius des Thomas Anglicus und die Lehrunterschiede zwischen Thomas von Aquin und Duns Scotus. I. Teil.

Band XXIX. Dr. Michael Schmaus: Der Liber propugnatorius des Thomas Anglicus und die Lehrunterschiede zwischen Thomas von Aquin und Duns Scotus. II. Teil: Die trinitarischen Lehrdifferenzen. XXVII, 666 S. u. IV, 334 S. mit 3 Beilagen. 45,50

Band XXX. 1/2. A. Lang: Die Wege der Glaubensbegründung bei den Scholastikern des 14. Jahrhunderts. XX u. 261 S. RM. 14,20
*3/4. Wilpert: Das Problem der Wahrheitssicherung bei Thomas von Aquin. Ein Beitrag zur Geschichte des Evidenzproblems.

Die unter der Presse befindlichen Hefte sind mit *, die im Manuskripte vorliegenden mit † bezeichnet

Aschendorffsche Verlagsbuchhandlung, Münster in Westf.